自由与文化

〔美〕杜威 著

傅统先 译

John Dewey
FREEDOM AND CULTURE
G.P. Putnam 's Sons
New York
1939

根据纽约帕特南之子出版公司 1939 年本译出

约翰·杜威
（1859—1952）

目　　录

第一章　自由问题

什么是自由以及它为什么被人珍视？追求自由的欲望是人性所固有的呢？还是特殊环境的产物呢？它是作为一个目的，还是作为获得其他事物的一个手段而为人所需要的呢？取得自由还要担负一些责任吗？而这些责任是如此繁重，以致人群为了更大的安适而将甘愿放弃自由吗？追求自由的斗争是如此艰巨，以致大多数的人们易于放弃取得自由和维护自由的努力吗？自由本身以及伴随它而来的那些东西似乎和生活的安全一样重要吗？和饮食、居住、衣服乃至消遣一样重要吗？像在我国我们曾被教导去相信的那样，整个人类也是如此衷心关怀自由吗？从前有人认为，常人争取自由的努力是政治历史的动力，这一旧见解有任何真实性吗？我们自己过去争取政治独立的斗争，从任何真实的意义上来讲，是被我们追求自由的欲望所激起的，还是由于我们的祖先想要摆脱许多苦恼，这些苦恼除了使人们感到痛苦之外，没有共同之处呢？

爱自由是否不仅是想要从某些特殊束缚下解放出来的一种欲望呢？而且，在挣脱束缚之后，在另一些事物又使人们感到不能忍受以前，这种追求自由的欲望就会趋于消逝吗？再者，想望自由和想望与人平等，尤其与前此还是在上者的人们平等，这两种欲望怎样在强度上进行比较呢？自由的果实怎样和那种由于与人联合、团结的感觉所引起的愉快进行比较呢？如果人们相信，由于他们放弃自己的自由而将获得从一种与人团结的感觉而来的满足以及从团结的力量所产生的那种受人尊重的情况，那么人们将放弃他们的自由吗？

世界现状把这样一些问题摆在一切民主国家的公民面前。它特别有力地向我们提出这些问题。因为我们这样的国家里，民主制度是跟一定的传统联系着的，独立宣言就是这个传统的“意识形态”的经典陈述。这个传统曾经教导我们说：获得自由是政治史的目标，自治是自由人的固有权利，而当达成自治时人们对它将比任何其余的东西都更为珍视。然而当我们看一看这个世界时，我们看见在许多国家里一些所谓自由制度与其说是被推翻的，还不如说是被人们心甘情愿地、显然热心地抛弃了。我们可以推论说，这种事情足以证明自由制度从未真正存在过，而只是在名义上存在而已。或者我们可以用这样一种想法来安慰自己，相信是一些非常事态，例如国家的失败和屈辱，使得人们去欢迎任何承诺恢复国家尊严的政府。但是，我国的情况乃至其他国家之丧失了民主，都迫使我们把自由社会甚至把我们自己的自由社会的前途和命运问题提出来。

大概有个时期，当这些问题刚被提出的时候，它们看起来似乎主要地或完全是属于政治方面的。现在我们有了进一步的认识。因为我们认识到，产生那表现在这些问题里的情况的原因，大部分是由于政治对其他种种力量的依赖，特别是对经济的依赖。这里涉及人性构成的问题，因为把爱自由说成是人性构成中所固有的，是我们的传统的一个部分。大众的民主心理是一种神话吗？在伦理方面相信，政治上的民主是一种道德上的权利；民主所依据的法则是一些基本道德法则，任何社会组织都应当遵守的法则。这种旧的人性论也是和这种伦理方面的信仰联系着的。如果我们放弃了以自然权利与自然法则是自由政府的基础的这个信仰，那么后者还有任何其他的道德基础吗？因为相信美国移民是为了争取独立而进行的战争，并且认为他们是有意识地和有目的地把他们的政府建筑在一种心理和道德理论的基础之上的，这虽然是可笑的，然而民主的传统，无论称之为梦想或透辟的远见，却是同关于人性与关于政治制度所应服从的道德目的的信仰十分紧密地联系着的，以致在这种联系被破坏时，就会产生强烈的震动。有什么东西来代替它们，有什么其他东西来提供它们所曾提供的这一种支持呢？

这些问题背后的疑难，促使迫切需要解决这些问题的力量，都已经超过了形成早期民主的心理的和道德的基础的那些特殊信仰。杰斐逊（Thomas Jefferson）在退休以后，晚年曾跟亚丹姆斯（John Adams）作过友谊的哲学通信。在他的一封信里，他曾作过一个关于当时美国情况的陈述，并且表达了一个关于他们将来的生活情况的期望："自由主义的进展鼓舞了一个希望，即人类的精神有一天将再回复到它在两千年前所享受的自由。我国已经给世界树立了物质自由的范例，但还没有给世界树立道德解放的范例，因为对我们来说它现在还只是在名义上如此。对舆论所进行的取缔是在实践上压倒了法律在理论上所肯定的自由。"从他那个时代以来的发展情况很可以引导我们把他所表述的这些观念颠倒过来，而追问说：他期望文化上的自由是政治上自由的后果，但是要维持政治上的自由又能否没有文化上的自由呢？我们难以再希望把政治上的自由当作一个必要条件，认为只要有了它，一切其他的东西都会及时随之而来，也会及时为我们所得。因为我们现在知道，在政治制度之外，人与人之间存在的各种关系：工业的、交通的、科学艺术和宗教的关系都影响着日常的交往，因而深深地影响着表现在政治和法律规章中的态度和习惯。如果政治和法律的东西对其他东西的形成真是起着反作用的，那么政治制度是结果而不是原因，这也就更加是真的了。

我提出这个题目来研究，是因为我认识到了这一点。我们是用“文化”一词来概括这个包括一切人类交往和共同生活的各种条件的复杂体的。问题就是要知道：哪一类文化本身有这样自由，以致它孕育着和产生着政治上的自由，作为它的附带物和它所产生的结果。科学和知识的情况怎样？美术和技术的情况怎样？友谊和家庭生活的情况怎样？贸易和财政的情况怎样？从日常来往中所产生的态度和倾向怎样？不管人性的天然构成是什么，人性的实际活动，即反应于制度和规章而最后又形成制度和规章的式样的那些活动，都是各种职业、兴趣、技能、信仰等等（它们构成一定的文化）的整体所产生的。当文化发生变化时，特别是当它像美国生活自从我们的政治组织已经成形之后所产生的变化那样，变得错综复杂时，新的问题便代替了指导早年政治力量之形成和分配的那些问题。以为爱自由是人所固有的，因而只要废除了教会和国家对它所施加的压迫而给予它以机会时，它即将产生和维护自由制度，这个看法已不再适当了。这个观念的产生是自然的，当时来到一个新国家里的移民们感觉到在他们和压迫他们的那些力量之间的距离，实际上代表着处于他们和达到永久自由之间的一切。而现在我们却不得不看到，还需要具备一些形成文化现状的积极因素。从过去所存在的迫害和镇压中解放出来，这标志着一个必要的过渡，但过渡只是到达某些不同的东西的桥梁而已。

早期的共和主义者，即使在他们那个时代也不得不注意到：用文化一词所概括的那些一般的条件是跟政治制度有很密切的关系的。因为他们认为国家和教会的压迫曾对人性起着一种腐蚀的影响，以致原有的这种求自由的冲动或者是消失了，或者是改变了样子。这实际上就是承认周围的环境较之自然的倾向可能更为有力。它证明了人性中一定程度的可塑性还需要不断地予以关心——正如这个说法所表达的：永久的警惕是自由的代价。创业的祖先们曾觉察到爱权力是人性的一个特征，是这样强有力的一个特征，以致需要设置一定的障碍物，防止在公职上当权的人们产生损及自由制度的侵害行为。承认人们可以由于长期习惯而墨守成规，这就意味着相信第二性的或获得的本性比较原有的本性更为强烈些。

杰斐逊至少超过了这一点。因为他担心制造业和商业的发展和对于农业的偏爱就等于接受这样一个观念：即为一定的职业所培养出来的兴趣可以根本改变原来的人性和与之相应的制度。杰斐逊所担心的这种发展已经来到了而且还超过了他所预计的程度，这是一个明显的事实。农业的和乡村的人口已经变成了城市的工业人口，我们今天面对着这个事实的后果。

我们有明确的证据证明，经济因素乃是文化的一个内在的部分,这个部分决定着政治上的措施和规程所表现的现实转变，不管人们在口头上的信仰是什么。虽然后来曾经流行着把存在于经济和政治之间的联系模糊起来乃至谴责那些唤起对它注意的人们，麦迪生和杰斐逊一样，对于这种联系以及它对民主的影响是十分明白的。然而认识到这种联系要求普遍地分配财产和防止产生贫富两极与明白地承认在文化和自然之间有这样紧密的关系，以致文化可以构成思想和行为的式样却是两回事。

经济关系，和政治制度一样，是不能跟习性分离开的。关于自然的知识状况，即关于物理科学知识现状，乃是文化的一个方面，而工业和商业、商品的生产和分配，以及公用事业的管理都是直接依赖于这个方面的。如果我们不考虑到十七世纪新的自然科学的产生以及它发展到当前的状况，我们对生产和分配的经济活动以及最后对消费的经济活动就不能理解了。工业革命的结果和前进的科学革命的结果的联系乃是一个无可争论的证据。

人们一直还不习惯于把艺术、美术当作是影响民主制度和个人自由的各种社会条件中的一个重要组成部分。即使在承认了工业和自然科学的状况所具有的影响之后，我们仍然倾向于反对这个认为文学、音乐、绘画、戏剧、建筑同民主的文化基础之间具有密切联系的观念。甚至那些自称为忠实的民主政体的信仰者也常常把这些艺术的成果当作是文化的装饰品，而不当作是在民主成为现实时应当为一切人们所分享的快乐。在极权国家中的情况可能诱导我们修改这个意见。因为它证明了，不管导致有创造性的艺术家创作他的作品的冲动和力量是什么，艺术作品一经存在，便成为最有力的交流手段，能激起情绪和形成舆论。剧院、电影院、音乐厅，甚至画廊、讲演、游行、公共运动和娱乐场所，都已被置于管制之下，作为宣传机构的一部分，使专政得以继续当权而不致为群众认为是压制的手段。我们开始认识到，情绪和想象，在形成公共的情操和舆论方面，较之报导和理性更为有效。

的确，远在当前危机到来之前，曾经有过这样一句说法：如果有人能控制一个国家的歌曲，他就无需乎去注意谁曾经制订法律。而且历史的研究表明，原始宗教之所以有决定人们信仰和行动的力量，就是由于它们有能力通过礼节和仪式、神话和传说这一切具有艺术作品特点的东西去影响人们的情绪和想象。教会——它在近代世界中一直是具有最大的影响的——已经把它们［原始宗教］诉之于美感的诸般手段继承下来，并且在使这些活动适应于它自己的目的以后，便把它们包容在它自己的结构之中，以赢得和保持群众的忠诚。

一个极权的政府总是用控制感情、欲望、情绪和意见的办法来控制所有在它统治之下的人民的全部生活，这的确是一个单纯的无可置疑的真理，因为一个极权的国家一定是整体的。但是如果我们不把这一点考虑在内，我们将不会懂得在德国和俄国现存的政府与教会之间恢复战斗的激烈程度。这种冲突并不是一个领袖的任性的表现。它是任何要求所有在它统治之下的人民**全部**忠诚的政权所固有的特点。如果它要能持久的话，它必须首先和始终控制着想象以及我们通常称为内在的一切冲动和动机。宗教组织就是利用这些手段来进行统治的，而且由于这个理由它们便同任何走上极权之途的政治组织成为天然的敌对者了。因此，在我们民主国家的人们看起来是极权主义国家的最讨厌的东西却正是拥护极权主义政府的人们所称赞的东西。这些正是民主国家所缺少因而受到他们指责的东西。因为他们说，民主国家未能掌握公民们的全部构成物，无论是意识形态上的和情感上的构成物，因而使民主国家不得不仅仅采取外在的和机械的措施来取得其公民的忠心支持。我们可以把所有这一切当作是有时似乎已经俘虏了全部人民的那一种集体幻觉症的症状。但即使如此，我们也必须认清这个因素的影响，这样我们自己才可以避免那种集体幻觉，认为极权主义仅仅依靠外部压力。

最后，道德的因素乃是所谓文化这些社会力量的复杂体中的一个内在部分。不同的人们根据不同的理由，曾有过这样一种看法：道德的信念和判断是没有科学根据或证明的；但是无论人们是否都有这种看法，有一点是肯定的：人类对某一些事物总比对另一些事物更为珍视，而他们为他们所珍视的东西而奋斗，为了它们而花费时间和精力，因而竟可以说我们要确定事物的价值的话，最好的标准就是我们对什么事情花费心血最多。不仅如此，而且如果有一群人想要组成一个可以就其含义而言称为社团的这样一个东西，那就必须有为他们所共同珍重的价值。没有这种共同珍视的价值，任何所谓社会团体、阶级、人民、国家都将分离而成为彼此机械地强迫地结合在一起的一些分子。至于价值是道德的，具有它们本身所具有的那种生命和效力呢，或者仅仅是生物的、经济的等等其他条件活动的副产品呢？关于这些问题，至少目前我们还可以不必过问。

这一点声明的确在大多数人看来是多余的。因为大多数人已经十分习惯于相信，至少名义上相信，道德力量乃是一切人类社会兴亡的最后决定因素——而宗教还曾经教导过许多人相信：宇宙的力量也和社会的力量一样，乃是受道德目的所调节的。不过这个声明之所以提出，是因为有一个哲学派别主张，关于推动行为的价值的见解是没有任何科学依据的，因为（按照他们的看法）为人们所能认知的唯一的东西就是物理事件（physical event）。否认价值对于事物的发展进程终究具有任何影响的看法，也是马克思主义者相信生产力最后控制着一切人类关系的信念的特征。有许多知识界的人士曾为数学和物理科学的成就所眩惑，而认为不可能用理智去调节关于价值的观念和判断。后面这些说明启发我们，在文化中我们至少还需要注意到另一个因素，——这就是说，还存在着各个社会哲学的派别、存在着敌对的意识形态。

进行上述研讨的意图应当是很明白的。自由和民主制度的问题和存在着哪种类型的文化的问题是联系在一起的；和自由的政治制度必须有自由的文化的问题是联系在一起的。这个结论的重要意义不仅在于和那些表述民主传统的人们的简单信念做一个对比而已。关于人类心理，关于人性在其原始状况的构成的问题也包含在内。它不是一般地包含在内，而是涉及它的特殊组成部分和它们在它们彼此之间的关系中的重要意义。

因为当前公认的每一社会哲学和政治哲学一经研究就会发现其中包含有一种关于人性构成的观点：关于它的本身以及它同物理自然界的关系的观点。在文化中这个因素是如此，而任何其他的每一个因素也是如此，因而在这里就无需乎一一列举了，不过如果我们要懂得包含在人类自由问题中的各个因素的话，却有必要把它们记在心里。

通盘考察一下文化中这一和那一组成要素，一般地讲对社会制度，特殊地讲对政治上的民主有怎样的关系，这是很少提出的一个问题。然而它却是对有关每一个因素的原则所作的批判研究的基础，因而在这个问题上所作的某一结论最后便决定着在每一特殊争论上所采取的立场。问题在于：在这些因素中是否有任何一个是如此突出，因而成为唯一的原动力，而其他的因素都成为第二性的和派生的结果。对于这个问题，通常有一种哲学家们所称之为一元论的答复。当前最明显的例子就是相信：经济条件是人类关系中最后的控制力量。这个观点是比较晚近的，这一点也许是重要的。在十八世纪的全盛时期，启蒙运动，这个当时流行的观点，认为理性、科学的进展和教育是具有最后的最高的地位的。即使在前世纪也曾有过这样一种看法，用某一历史学派的箴言来表达，就是说：“历史是过去的政治，而政治是当前的历史。”

由于经济的解释在当前流行着，这种政治的观点现在看来似乎是某一群历史学者的奇谈怪想。但是它究竟只是陈述在民族国家形成时期所一贯奉行的一个观念。把当前对经济因素的强调当作是对它早期完全被忽视的一种理智上的报复，这是可能的。“政治经济学”这个名词本身就暗示着经济方面的研究曾经一度怎样完全从属于政治方面的研究。亚丹·斯密士（Adam Smith）的《国富论》一书对于结束这种从属的情况是起着影响的，不过，虽然它的内容并不再继续这种旧的传统，但是它的题目却仍如此。在希腊时代，我们发觉，亚里士多德把政治的因素置于这样的统治地位，以致一切正常的经济活动都破贬谪为家庭琐事，因而一切在道德上认为正当的经济实践实际上都是家务经济。而且不管近来马克思主义是怎样时髦，奥本海姆（Oppenheim）都曾提出了大量的证据来支持这样一个论题：即政治国家乃是军事征服的结果，在军事征服中被打败的人民变成了征服者的仆从，而征服者取得了对于被征服者的统治，产生了第一批政治国家。

极权国家的兴起不能因为它们的极权主义这个单纯的事实而被认为是简单地回复到早期政治制度因素至上的学说。然而和那些把政治的从属于经济的学说（无论是马克思主义的形式或英国古典学派的形式）比较一下，它标志着回复到被认为已经永远从任何现代国家管理中消逝了的那些观念，尤其是回复到这样的实践。而这些实践曾经借助于控制工业、财政和商业的科学技术而得以恢复和扩大，以致在两相比较之下，早期那些为了政府的利益而采取“商业”经济的政府官员们就显得是在他们这门行业中最笨拙的了。

道德应当是，即使它还不是，社会事务的最高调节者，这个观点并没有像过去那样广泛地被接受着，而当前的情况却在支持这样一个结论：即当道德的力量正像它所假定的那样发生着影响的时候，那是因为道德跟那些在事实上调节人类彼此关系的风俗习惯是相同的。然而，这个观念却仍然在为讲坛上的说教和报纸上的社论所倡导着，认为例如只要采取宣讲“金科玉律”的办法就会迅速地克服一切社会的失调和纷扰；而且当我现在在执笔的时候，报纸上报导着正在开展一个称为“道德重振”的运动。从一个较为深刻的方面来看，关于伦理和现有风俗习惯的所谓一致性的这个论点产生了这样一个问题：即在社会集团中长期把人们联合在一起的风俗习惯瓦解的后果。除非由于发展了一些新的普通接受的传统和风俗习惯，是否能够得到克服。从这个观点看来，这种发展就会是等于创造了一种新的伦理学。

然而，这一类的问题在这里提出来，乃是为了使它们加强前面已经提出的那个问题的重要性：即文化中有没有任何一个因素或方面是占主导地位的，或者说，它是倾向于产生和调节其他因素的，或者说，经济、道德、艺术、科学等等无非是一些彼此互相作用的因素的许多方面，其中每一因素施作用于别一因素而又受作用于别一因素而已？用哲学的术语来说，我们的观点将是一元论的，还是多元论的呢？关于这些因素中的每一个因素——关于经济、关于政治、关于科学、关于艺术——都一再重复地发生着同样的问题。我在这里将不涉及这些事物中的任何一类来说明这个问题，我只将涉及在各个时期所曾经有过影响的关于人性之构成的那些学说。因为这些心理学说的特征是严肃地企图使人性中的某一个组成因素成为行动动机的唯一根源；或者至少是把一切行为归结为少数所谓天然“力量”

的作用。一个比较晚近的例子就是经济学的古典学派把利己当作是人类行为的主要动力；就其专门的内容而言，这个观念联系着这样一种见解：即快乐和痛苦是一切有意识的人类行为的原因和标的，人人都想获得其中一个而避免另一个。于是就曾有过这样一种看法,即利己和同情心乃是人性的两个组成因素，好像相反而平衡的向心的和离心的倾向是天体自然界的动力一样。

目前关于什么控制着人类活动这个问题，在意识形态上最得意的心理学上的答案是爱好权力。选择它的理由是不难寻找的。追求经济利益的成功事实上大部分是受占有无上的权力所制约的，而成功又转过来增加了权力。于是民族国家的兴起是和陆海军力量的如此庞大的组织伴随着的，因而政治就愈来愈明显地变成了权力政治，乃至可以结论说，此外就没有任何其他的政治了，虽然过去这个权力因素是比较适当地和严肃地被遮盖着的。达尔文的生存竞争和适者生存的一种解释曾被用来作为一种意识形态上的依据；有些作者，突出地是尼采（Nietzsohe）（虽然不是在通常所假定的那种粗俗的形式之中）曾经建议过一种权力伦理而与所谓基督教的牺牲伦理相对立。

因为人性这个因素在文化的产生中总是和周围的条件这样或那样交相作用着，这个主题后来受到了特殊的注意。但是关于人性中“占统治地位的动机”的流行的学说时时在变动着，这种情况提出一个很少为人所提出的问题。那就是说，这些心理学是否事实上把马车当作马了。他们是否从当代集体生活中观察到一些显著的倾向，而又从这种观察中获得了关于人性中主导因素的概念，然后把这些倾向汇集起来成为一种所谓心理的“力量”，再把它当作是这些倾向的原因？在一个争取议会政治的斗争时期，人性便被认为是强烈地被一个内在的爱自由的动机所推动着的；在英格兰的条件下由于有了工业生产的新方法而扩大了金钱的作用的时期，便出现了利己的动机；在有组织的慈善活动成长着的时期，同情心便被带进了心理的图景中；今天的情况就容易转到把爱权力当作是人类行动的源泉；这一切是耐人寻味的。

无论如何，人类学家的著作使人们所熟悉的关于文化的观念倾向于这样一个结论：不管人性的天然构成因素是些什么，一个时代、一个集团的文化在它们的安排中是具有决定性的影响的，它决定标志着任何团体、家庭、氏族、民族、教派、党派、阶级活动的行为式样。人性为了使它本身得到满足而产生着特殊的社会现象的倾向或体系，如果这是真实的，那么，至少，文化的情况决定着天然倾向的秩序和安排，这一点也是真实的。问题在于发现：一、文化中的各种因素是怎样互相作用着的；二、在人性的各种因素和现存的环境互相作用所产生的情况之下是怎样使得人性中的这些因素互相作用着的。例如，如果我们美国的文化大部分是一种金钱的文化，这并不是因为人性的原始的或天然的结构使它自己倾向于获取金钱的利润。毋宁说，这是由于一定的复杂的文化刺激着、助长着、强化着这种天然的倾向，以致产生一定式样的欲望和目的。如果我们考察一下迄今存在过的一切社会、人民、阶级、种族、国家，我们就可以明确，既然人性的天然构成是相对稳定的，那么要说明为不同的结合形式所表现出的各种不同的多样性，就不能孤立地诉之于人性的天然构成状态。

原始人类之所以认为血液具有巫术的性质，现在看来是十分明白的。种族和固有的种族差别的通俗信仰，实际上是继承着这些古老的迷信。人类学家们几乎都一致认为我们在不同的“种族”中所发现的差别并不是由于任何固有的生理构造，而是由于培育各个集团的成员的文化条件对他们所发生的后果；这些条件一经出现就开始继续不断地影响着生来的或原始的人性。婴儿一生下来没有任何言语的能力，他生在什么社会就会说什么话，这是人所周知的。像大多数同样的现象一样，这个事实并未曾引起人们的惊讶和产生任何关于文化条件影响的概括。它被视为理所当然；它是如此地“自然”，因而显得是不可避免的。只有当人类学者们进行了系统的研究之后才注意到，产生一定集团的公共语言的文化条件也产生他们所共有的其他特性；这些特性，正好像祖国的语言一样，把一个集团或社会和其他的集团或社会区分开来。

文化是各种风俗习惯的一个复杂体，它有维护它自己的倾向。它只有通过使它的成员的原始的或天然的构成状态发生一定特有的变化，才能使它自己获得重生。每一种文化有它自己的式样，其组成的力量有它自己独特的安排。由于它本身的存在所具有的力量以及由于系统的探求所审慎采取的各种方法，它改变着这些初生下来不成熟的人们所具有的生来的或原有的人性，从而使它自己持续生存下去。

这些话并不意味着说，生物的遗传和天然的个性差异是不重要的。这些话意味着说，它们既然是在一定的社会形态之下活动着的，它们就是在那种特殊的形式之中形成着和发生着作用的。它们并不是使一个民族、一个集团、一个阶级从另一民族、另一个集团、另一个阶级区分开来的天然特征，它们是标志着每一集团之内的各种差别。不管“白种人的负担”是什么，它都不是遗传所赋予的。

我们已经从我们所由出发的那些问题经过了一段看来很长的途程，因而这些问题似乎已经在中途被遗忘了。但经过这一段旅途乃是为了要发现为这些问题所表达的这个主题的性质。维护民主制度并不是像某些我们的祖先移民所想象的那样简单的一件事情——虽然其中有些比较明智的人们明白，这个新的政治实验是如何十分巨大地为外在的环境条件所支持着的——例如，海洋把移民们从企图利用这些移民来达到它们自己的目的的那些政府分隔开来了；封建制度已被遗弃在背后了；这许多的移民来到这里，逃避了宗教信仰和崇拜形式对他们的限制；而且特别是存在着一大片有着自由土地和丰富的尚未被占有的天然资源的领土。

文化在决定人性中哪些因素占有主导地位以及它们之间彼此联系应该有怎样的式样或安排所具有的作用，是不必特别加以说明以引起人们注意的。它甚至对个性这个观念也有着一定的影响。人性是内在地和完全地属于个人的，这个观念本身就是一种个人主义的文化运动的产物。心灵和意识是内在地属于个人的，对于这个观念，在大部分的人类历史中甚至没有一个人曾经这样想过。如果曾经有人提出过这个观念，它就会被认为是无秩序和混乱的一个不可避免的根源而为人们所拒绝，不是因为他们对于人性的观念在这一点上比后来的观念好一些，而是因为这些观念也是文化的职能。我们这样说是没错的，人性，和其他的生活方式一样，是倾向于分化的，而且这种分化是明显地朝向着个体这个方向的，它也是倾向于联合、结合的。在下等动物之中，“物理一生物”的因素决定着在一定的动物或植物的种属中那一种倾向占主导地位以及这两种因素之间所存在的比例——例如昆虫究竟是学者们称之为“独居的”或“社会性的”东西。在人类，文化条件代替了严格意义下的自然条件。在人类历史的早期，就有意识的意向方面而言，文化条件几乎像生理的条件那样起着作用。它们被当作是“自然的”，而它们中的变化却被认为不自然的。在一个较晚的时期，文化的条件就曾被看作是在某种程度之下附属于有意形成之物。有过一段时候，激进人物曾经一度把他们的政策等同于这样一种信仰：只要能够避免掉人为的社会条件，人性差不多自动地就会产生一定类型的社会安排，这些安排会给人性在其所谓绝对的个性中一种自由的范围。

人们都承认有趋于社会性的这样一些倾向，例如同情心。但是它们被当作是从自然孤立开来的一个个体所具有的特性，例如，正如为了要避免威胁着一个人的私我的某些东西而求得保护，便有着一种要跟别人结合的倾向。人性和个性的完全一致，如果这是存在的话，是否值得我们想望，这是一个无聊的理论问题。因为它并不存在。有些文化条件发展那些导致分化的心理成分；另一些却激起那些导致蜂窝式或蚁塚式的结合的心理成分。人类的问题就是如何保证每一组成部分的发展，足以解放另一部分和促使另一部分成熟。合作——古典的法国公式中的所谓博爱——同个人的首创精神一样也是民主理想的一部分。文化条件被允许获得发展（特别是在经济方面），这件事使合作精神服从于自由和平等，就足以说明后两者的衰退。间接地，由于这种衰退，当前有一种倾向给予个人主义这个名词一种坏名声，而使社会性这个名词具有超越于批评之上的道德荣誉。但是，把不足道的人哪怕以最大的规模结合在一起，据说就会构成人性的现实，这和假定说在那些完全由于私利而互相发生关系的人们中间就能有人性产生，是同样可笑的。

于是具有合作精神的许多个体的自由问题，乃是一个应该在文化背景的联系中去看待的问题。文化状态乃是许多因素互相作用的一种状态，这许多因素中主要的有法律和政治、工业和商业、科学和技术、表达和交流的艺术以及道德或人们所珍贵的价值和他们进行评价的方式；最后，虽然是间接地，还有为人们用来支持和批评他们生活于其中的根本条件的一般的观念体系，他们的社会哲学。我们所关心的与其说是自由问题的解决，毋宁说是关于自由的这个问题，因为我们相信，除非从这种构成文化的因素和人性的因素相互作用的内在联系之中来观察这个问题，否则所有的解决都是徒劳无益的。这场讨论的根本准则是：把任何个别因素孤立起来，无论在一定时间内它的作用是多么重要，对于理解和理智的活动都是极端不利的。孤立起来的情况是很多的，一方面是把人性中的某一个东西当作最高的动机，另一方面是把社会活动的某一种形式当作是最高的。既然在这里所考虑到的问题是人性以内和人性以外许多因素互相作用的方式问题，我们下一个任务就是要问在原始人性和文化之间彼此有哪些相互的联系。

第二章 文化与人性

在美国的自由传统中，如在英国的自由传统中一样，人们总是把自由这个观念和个性、和个人这个观念联系起来看的。这种联系十分紧密并且反复为人所申述，几乎成为内在的了。如果听到有人说自由除了个性之外，还应该另有来源，许多人都会感到惊奇。然而在大陆欧洲的传统中，自由的观念却又和理性的观念结合在一起。他们认为，那些用理性来控制自己的人们是自由的；而那些追随欲念和感觉的人们则受欲念和感觉的支配，是不自由的。因此，黑格尔就在他歌颂国家的时候，写了一部历史哲学，根据这种哲学，历史的运动是从只有一人自由的东方世界的专制国家向一切人都自由的西方世界中开始于德意志的时代前进的。目前，极权国家的代表们宣称，他们的政权给予了他们国家的百姓以一种较之在民主国家所能得到的“更高的”自由；在后者，个人生活混乱而无纪律，是不自由的；在这里，我们也发现了在诠释自由的意义中有着同样的分歧。有些人又着眼在自由与放肆之间加以区别，他们把自由同“法律下的自由”等同起来，因为在古典的传统中法律和理性就像子女和父母一样联系在一起的，从而他们按照自己的意思解决许多社会问题。而大陆传统的那种习气就接近于这些人的说法。这种说法既然把法律的来源和根据归之于某些根本与自由无关的东西，也就是说，它肯定自由的条件不可能决定自己的法律，那么这种说法就直接地，即使是无意地倾向于极权国家。

然而，我们不必远渡重洋到欧洲大陆去注意不同的文化背景中自由的实际意义怎么各不相同。因为十九世纪初期，虽然英国和美国的理论都把自由和那些使人类成为个人（按照“个人”一词的独特意义而言）的性质联系在一起，但是那时这两种理论之间却已经有了巨大的实际差别。这两者的对比十分明显，如果作这样的对比益处不大，却很有趣味。杰斐逊，这位主张自由、自治制度的最初的和系统的传布者，认为跟这些制度最紧密联系着的个人的特性乃是农民阶级中所发现的特点。在他比较悲观的时候，他甚至于进而预言工业和商业的发展所将产生的一种事态，即在这个国家里的人们会像欧洲那样“彼此相食”，另一方面，在英国，地主们是新自由的大敌，而这种新自由在其社会的和政治的体现中却是和工业阶级的活动和目的联系着的。

当然，单纯作事实的对比，对我们没有教益，有教益的是自由所以存在的原因。原因是不难找到的。地主们构成了大不列颠的贵族。地主阶级通过封建制度对立法团体的控制是跟工业和商业的发展敌对的。在美国，封建主义的痕迹却是如此轻淡，以致反对长子继承权的法律就足以把它消除。这样，在我国，就容易把农民理想化，把他们看成是倔强的小地主，认为与原来盎格鲁–撒克逊爱自由大宪章（Magna Charta），以及反对斯图亚特王朝的专制的斗争相联系着的一切美德他们都体现出来了。农民们是一个独立自给的阶级，他们无需乎要求任何人的恩宠，因为他们无论生活上、观念上都不依赖别人，自己的土地自己管理。这又是一段有趣的（如果不是有益的）历史，我们发现当我国已从一个农业国变成了一个城市工业国时，就在这段时间内，对于首创性、创造性、活力和对进步的固有贡献等这些性质，英国的放任自由主义原把它们跟制造业联系在一起的，我国法庭和商业财政的政治代表们却把它们从杰斐逊式的个人身上移植到企业家（在英国意义下的个人）身上去了。

如果我们对于不同条件下所给予自由的不同意义的整个历史作一扩大的俯览，这将会加强我以上所作的一些考虑。在以上的考虑中，我只举了一个事例，一个重要的事例，即关于文化对整个自由问题的关系问题。这些事实和前一章的结论完全一致：这个结论可以用这样一句话概括起来："文化"这个人类学中的中心观念，已经有了宽广的社会学上的应用，因而个人和社会的关系这个十分陈旧的问题已经获得了新的面貌。不管对它所提的答案的后果如何，文化的观念甚至使得理解这个问题的名词都失去了时效。因为大多数人提出这个问题的陈述时，就认为似乎在所谓个人的和社会的东西之间存在着某种内在的差别，乃至对立。结果，那些喜欢在理论上分成两派的人们就有这样一种倾向，将其两端分隔开来，一派总是否认另一派所肯定的任何东西。一派主张，社会风气、传统、制度、规章只有用某种隐蔽的或显著的压制形式，侵害着个人的天赋的自由，才能得以维持；而另一学派则主张，个人生来就是这样的，因而有一个突出的社会问题，就是采取哪些行动来把这些顽强的个人置于社会控制之下或加以“社会化”。这个学派的光荣的名词曾是另一学派的咒骂的名词。这两个极端就可以用来界说这个问题所由提出的这些名词。大多数人们则处于一种中间的和调和的地位，它的古典的表达方式是：法律和政治的基本问题就是要找到区分合法的自由和法律与政治权利的适当运用之间的界线，以致每一方面都能在它自己的管辖领域之内得到维护；法律只有在自由超越了它应有的范围之外时才发生效力，在放任的自由主义的高涨时期，只有在需要采取警察行动来维持和平时法律的运用才被认为是合法的。

霍布士曾认为：人性生来就是反社会性的，当人性自由活动时就会从事互相敌对的战斗，因而只有对这种战斗的罪恶后果的经验，结合着一种恐惧的动机，才使得人们服从于权威，即使在这时候，人性仍然是如此倔傲不驯，以致反对它的掠夺本能最可靠的保证就是从属于统治的权势。霍布士的这种极端的观点今天很少有人支持。但是在阅读一些社会学的著作时，通常仍然发现把这个基本问题阐述得似乎是在罗列和分析那些怎样使个人驯服或被“社会化”的活动。这些作者们和霍布士的主要区别在于这一事实：他们不那么强调单纯的政治压力，而是承认在原来的人性中有一些倾向使它肯于依从社会的规章。英国新兴的产业阶级在反对在明显形式的封建主义消逝后仍然存在着的种种限制的斗争中获得成功的结果，使得这个流行的公式偏重于自由的一边，主张每一个人，只要他的行动不限制着别人的自由，都是自由的。然而，人们从未深入到人影响人的具体后果中去解决这个问题。它是用一种形式上的法律原则来解决的，例如每一个一定年龄的正常人具有和别人发生契约关系的权利——而不管实际的条件是给与双方相等的自由活动范围，还是把所谓“自由的”契约变成为一件有所偏私的事情。

然而，我的目的并不是要彻底讨论这些争论点或在道德方面类似的争论点，例如人性中利他的和利己的倾向的相当地位等等的一些烦琐无聊的问题。这里所涉及的只是这些问题所由出现的情境；只是当作问题而不是当作所达到的结论的那些观念所处的复杂背景。根据现在手头的学术资料来看，我们能够看出，关于人性本来的构成的这些意见忽视了这样一个根本问题：人性的组成因素是怎样被激起和被抑制的，被加强和被削弱的；它们的式样是怎样为各个文化条件的互相作用所决定的。由于缺乏这一点，关于人性的观点就为一定集团所要贯彻执行的目的和政策所窃用。那些想说明行使权威支配别人是合理的人们便对人性的构成采取一种悲观主义的观点；那些想从压迫下得到解放的人们便发现在人性的天然构成中有许多具有伟大希望的性质。在这里有一个领域是学术的探究者很少进入的：关于人性构成的观念，即被认为是关于心理的研究结果的观念，事实上，却只是不同的集团、阶级、宗派希望继续存在或重新采取的实际措施的反映，因而原来被认为心理学的东西却是政治主张的一个部分而已。

因此，我们便再回到了早些时候所陈述的一个原则。主要的麻烦乃是：把争论点陈述得似乎它们是一方面关于人性的结构而另一方面关于社会规则和权威的性质的问题，而实际上，真正的争论点却是关于“自然的”和“文化的”东西之间的关系问题。卢梭（Rousseau）对艺术和科学的攻击（正如他对既存的法律和政府的攻击）震动了十八世纪他的同时代的人们，因为他所宣称的由于产生了不平等而败坏人性的那些东西却正是他们所赖以产生无穷的人类进步的东西。不过，他是从某一方面来陈述文化和自然的对立这个问题；他自己是尽全力强调人性并赋与它一切优点；因为在他看来，它虽是粗糙的不完善的，但只要失去原始的平等而不致产生败坏它的条件，它却保持着它原来的善良。康德及其德国的继承者们接受了在卢梭的这个不得人心的矛盾论证中所提出的挑衅。他们试图颠倒他的主张；他们把一切历史解释成为一个连续的文化过程，通过这个过程，人类原来的兽性变得高尚，而从兽性的东西转化成为人类特有的东西。

但是卢梭和他的反对者们在一种新的形式中讨论这个问题时又带进了许多从传统的处理它的方式中所派生出来的因素。在德国哲学中，这个争论点又因继拿破仑的侵入之后民族主义的兴起而进一步地复杂化了。虽然德国人在战争中是被打败了，但是在文化方面，他们却比较优越——在德国民族主义的宣传里面运用“文化”（Kultur）一词中仍然还保持着这一个观念，因为文化上的优越性使人对文化较少的人民具有一种正当的权威，正像人类统治动物一样。此外，法国革命和卢梭的著作一样，在德国思想家们的心目中产生了把文化的原因和法律、权威的原因等同起来的结果。个人的自由，按照法国革命的哲学家们的看法，乃是人类的自然权利，但在反动的德国哲学家们看来，却只是原始的感觉上的兽性的自由。产生一种“较高的”和真正的自由，还需要有一个服从于普遍法则的时期，这个普遍法则表达着人类所具有的较高的、非自然的本质。德意志的史事，包括着极权主义的兴起在内，从这个观念形成的时期开始，就已经打上了这个观念的烙印。预见有某种终极的和一种最后的社会情境的存在，它既不同于原来的“自然的”自由，又不同于当前的服从情况，这一点在一切在德国学术影响中所形成的社会哲学中，如马克思主义者的哲学中，都起着一定的作用。它具有着基督再临这个观念所曾具有过的同样功用。

然而，在任何情况之下，如果没有人类学的研究所提供的有用的材料，这个问题是不会构成它的新形式的。因为在极其多种多样的文化方面所已经揭露出来的材料表明：个人及其自由对社会风俗、传统和规章的关系问题乃是以一种笼统的形式加以叙述的，所以不能经受学术的和科学的攻击。根据自然科学的方法判断起来，社会领域中的研究方式是先科学的和反科学的。因为科学是对事实彼此的关系进行分析性观察并作出种种解释，从而获得发展的。社会理论却是在一般的“力量”——不论是固有的天然“动机”的力量或那些所谓社会的力量——的基础上发生作用的。

如果不是由于习惯的惰性（这对于意见和明显的行动都是适用的），在今天还会发现一些深知物理科学研究方式的作者们在解释人类和社会现象时仍然诉之于“力量”，那就会很奇怪了。因为在前一种情形之下，他们明白：电、热、光等等仅仅是代表一定可以观察到的具体现象在彼此关系中活动的方式的一些名称而已；他们也明白，一切的描述和解释都必须借助一些被观察到的简单事情所具有的可以证明的关系来进行。他们知道：关于电或热等等的指称，不过是事件之间的关系的指称的一种缩写，而这些事件是通过对现实的事情的考察所已确定的。但是在社会现象的领域中，他们却毫不犹豫地应用作为力量的动机的指称（如爱权力）来解释具体的现象，虽然这些所谓力量只是通过一些抽象字眼的中介把所解释的现象本身加以重复。

用文化和自然的相互关系这样的字眼来陈述问题，我们才能避免空洞的抽象和闪烁的概括。研究相互关系，我们就会注意到所存在的各种各样的文化和各种各样的人性的构成因素，包括人类彼此之间的天然差异在内，而不仅仅是数量上的差异。探讨的任务就是要研究人性特定的构成因素，天然的或已经改变的，怎样和一定文化特定的构成部分交相作用的方式；要说明在人性这一方面和社会风俗与规章这一方面，两者之间的冲突和一致乃是由于各种可以记述的交相作用的方式所产生的结果。在一定的社会里面，总有人实际赞同当时的制度，而另一些人们则反抗它们——从有节制的愤懑不平直到暴动反叛。当这些最后的差别十分显著，可以标明出来的时候，它们就取得了保守与激进的、进步与反动的等等的名称。在这些差别之间也贯串着经济上的阶级。因为即使革命者也不得不承认：他们问题的一部分就是要唤醒被压迫的阶级的意识，使这些人意识到自己是被奴役的，从而主动地起来反抗。

这个事实，即使在肤浅的观察之下，也是十分显明的，它否证了那种把问题陈述成为**这个**个人与**这个**社会之间的关系的见解，好像这些名词代表任何实际的存在一样。首先所要根本考察的事情是人性与社会条件之间**交互作用的方式**，而问题在于探索在不同人们的不同组成因素与不同的所谓“社会的”事物，如风俗、规章、传统、制度等之间交互作用的后果。关于这个问题有一种传统的陈述方式,它把特殊的交互作用的结果，无论好的、坏的或兼而有之的，都看成是现存的东西或将会存在的东西在这一方面或别一方面的最初原因。这种传统的陈述是受一种谬误所支配着的。

例如，奴隶阶级存在的时候，奴隶有时曾经对于他们之受奴役是愿意的，这当然是确实的。有一些人虽没亲身受到压迫和不公平——除非在通常所谓道德的方面——不感到什么不舒适，却成了争取平等和自由的运动中的领袖人物，这也是确实的。固有的所谓社会性的“本能”曾经导致人们进行合作的活动，这是确实的，而这些本能也曾导致人们组成以相互结义为特征的匪帮，这也是同样确实的。至于实际上是怎样的交互作用决定着这两方面发生作用的因素以及它们的后果，对这一点在任何情况之下，都是不容易进行分析性的观察的。但是承认进行观察的必要性，乃是确切判断实际发生的事情的条件。如果把这个问题一方面当作它是关于某些个人“力量”的问题而另一方面当作它是关于某些社会“力量”的问题，似乎这些力量的性质预先被认识到了，这就会阻止我们去对任何建议的策略进行估价。如果我们要把自由问题放在它所从属的背景之中，我们就必须从另外一套前提出发。

前一章开始时所提出的那些问题乃是真正的问题。但是它们并不是一些抽象的问题而且也不能一般地进行讨论。这些问题要求讨论文化的条件，科学、艺术、道德、宗教、教育和工业的条件，从而去发现它们中哪一些实际上促进了人性自然构成的发展；哪一些阻碍着这种发展。如果我们想要个人得到自由，我们就一定要保证有合适的条件存在：这是很清楚的事情，它至少指出了展望和行动的方向。

特别是它还告诫我们不要有这样一些观念：相信民主条件会自动地维护它们本身，或者认为有了这些民主条件就等于在履行宪法中所规定的条款。这一类想法徒然转移我们对于实际发生的情况的注意，正好像戏法表演者的说辞转移了他所要愚弄者的注意，他就趁机可以做些手脚。因为实际上进行着的事情可能是制造敌视任何民主的自由的前提条件。有许多高据要津的人们说：按照公事程式办事，就能确实保证我们的民主传统。他们说得使自己、也使别人相信好像真有这回事，因而有必要在这里重复提出来研究一下。同一原则也警告我们：不要认为形成极权国家的因素，在我们这里是十分罕见的，因而我们这里“不会发生”；特别不要以为这些国家仅仅是依靠残酷的镇压和威胁的。因为，在一个曾经有过科学精神的国家里，清洗、死刑、集中营、剥夺财产与生计这些手段不管运用得多么广泛，任何政权也无法维持得很长久，除非它得到人性中所谓理想主义因素的支持。在某些方面，有一种倾向，认为这种说法无异为独裁和极权国家辩护和掩饰。我原来企图发现是些什么原因使得在其他方面理智和值得尊敬的人们竟会赞赏极权的情况（即使在一个短时间内），然而用上述方式对待这种企图是危险的。它用憎恨去代替了解的企图，憎恨，一经激起之后，就能用巧妙的手法，被引导去反对在原先激起它的对象以外的其他对象。这还引导我们这样想：只要我们在极权主义所见到的坏事没有在我们当中发展出来，我们就是对于别人已经害的病有了免疫力。如果认为只有这些东西才危害着民主，这就会使我们失去警惕，不去注意那些在暗中将会损害着我们在名义上所珍贵的价值的原因。它甚至会使我们忽视我们自己本身所存在的缺点，例如我们自己的种族偏见等。

要从远处来判断形成纳粹信仰的那些政策正是由于诉诸人性中哪些较好的因素，这是极端困难的。我们可以相信：诉之于恐惧；要想逃避由于自由公民权所加的责任；由旧日养成的服从的习惯所加强的顺服的冲动；要求补偿过去的卑贱，以及一世纪多以来逐渐增强的民族主义行动（不仅在德国），除了这种种因素形成纳粹信仰之外，还有一种爱好新奇的心理，在这个特殊的事例中，它是一种理想主义的信仰，青年人当中，就有人想创造将来全世界都会采纳的新制度。在人性的因素中，有一个因素在思想上和在实际上时常被忽略，就是在共同参加创造性活动中所产生的一种满意的感觉；而这种满意的加强与所参加的建设性的工作的范围是成正比例的。

还可以提出一些其他的原因，不过，真实地怀疑或否认这些原因的作用也十分可能。有一种满意的状态是来自一种与人团结的感觉，这一种感觉可以被加强，以至变成一种与人合而为一的神秘感而被误认为是在一种高级体现水平上的爱情。这种与人神交的情操在过去愈是没有机会表现出来，那么从这种与人神交之感，从这种打破了彼此间的隔阂的感觉所获得的满意就会愈加增强。效忠于乡土的感情，在德国至少与在我国的州权（state-rights）情操是同样浓厚和具有同样的影响的，是比较容易破坏的；习惯的宗教信仰和实践也同样地容易从属于一种种族的和社会的团结感，虽然在程度上小一点，这种情况就似乎证实了在背面还有一种情绪上合而为一的热望。当许多国家加入世界大战时，类似的情形出现在我们这些国家里面。这时候，把个人彼此分隔开来的障碍似乎都被扫除了。如果没有某一种空隙，新政权诺许去弥补它；那么对于废止政党和废止曾经有过巨大势力的工会，就不会这样容易为人们所屈从。至于在一个有着严格阶级区分的国家里，随着整齐划一的事实而来的到底有多少平等的感觉，人们只能加以猜测。但是却有十足的理由相信：它曾是一种强烈的因素，在强迫剥夺了一些物质的利益时，去和缓“卑贱的”人们，以致至少在某一个时候，一种光荣的平等感觉大大地补偿了那种吃得少一些，工作得苦一些，工作时间长一些的情况——因为人不仅是靠面包生活的，这一点在心理学上是真实的。

一方面相信“理想主义”因素能起作用，另一方面又进行残酷的迫害——这种迫害表明占统治地位的与其说是不问出身和地域而与人团结的愿望，不如说是虐待狂——这两方面看来似乎是矛盾的。但是历史表明，社会的统一曾不只一次由于某敌对集团的果真出现或仅仅被信为要出现而被加强。造成这样一种观念：即选择另一条道路就有被敌人征服的危险，这久已成为那些想维持自己权力的政治家们的技巧的一部分。这里我提示这一点的意思丝毫也不是忽略强有力的和连续不断的宣传的效果。我这样做的意图是要指明一些条件，它们的交互作用就会产生这样一种社会景象。在这种交互作用之中，其他有力的因素还有那些由现代科学所产生的技术，它们曾加倍地增添了许多改变人民群众的习性的手段，而且和经济的集中化联系起来，它们曾经使得群众意见像物质的货色一样，变成了一种大规模生产的东西。在这里，对于那些关心维持民主自由的文化条件的人们，既是一个警告，又是一个提示。这个警告是很明显的，它有关于宣传的作用问题，在我们这里，它通过比较非直接的和非官方的途径影响着我们。这个提示是：印刷品和无线电已经使得为了公开宣布的公共目的，如何理智地和诚实地利用通讯工具的问题，成为一件极关重大的事情了。

以上所说的话是用一种举例说明的方式陈述出来的，而且如果有人愿意的话，也可以把它当作是假设。因为即令如此，这些提示也足以支持这个论点：一个社会制度是能够继续存在下去的，只要它满足了人性中某些在过去得不到表达的因素。在另一方面，为了得以避免那些已经陈腐发霉的因素，任何东西，只要它是不同的，几乎都是受欢迎的。即使那些提供新出路的因素是人性中比较卑贱的东西：恐惧、怀疑、妒忌、自卑心理；这些因素是为早期的条件所激起而现在才提供了更为充分表达的途径，这个一般的原则仍然有效。普通的观察，特别是对青年人的观察证明，最令人怒恼和招怨的事情就是激起一定的冲动和倾向，然后又加以压制。我们还应该注意：一个不稳定和不安全的时期，伴随着或多或少的不安心和骚扰，便产生了一种感觉，觉得任何东西都比现有的好些，附带着想望以任何代价去求得秩序和稳定——后者乃是为什么在革命之后照例会继以反动的道理，而且也说明了列宁所说的话，即革命总是具有权威性的，不过不是他所提出的那个理由吧了。

至于在我们自己民主条件的维持中包括哪些这样的因素，或者是否包括有任何这样的因素，在这个关键上，这与我们的关系不大；在这里与我们有关的是它们所说明的原则。从反面来说，我们要避免这种相信单纯力量的信仰的影响，不管把这种力量当作是内在地心理的或是社会的东西。这既包含着避免简单地憎恨讨厌的东西，也意味着拒绝去依靠这样一种概括式的陈述：如法西斯制度乃是在紧缩的资本主义阶段中所期望出现的那种东西的表现，因为它们是一种反抗面临崩溃的最后一阵痉挛。我们不能迫不及待地去拒绝任何特定的主张；它也许有某些真理。但是首先必须避免那些笼统含糊的理由，像独裁者所统治的国家那样的专横。我们必须用既广泛而又精细的观察来分析条件，直到我们发现正在发生的特殊的交互作用，而且学习着通过交互作用而不通过力量去进行思考。我们被引导到甚至去寻求那种曾经给予这些交互作用的因素以它们所具有的力量的条件。

这个教训并不完全是新的。美国政治民主的创立者们并不天真地只致力于纯粹的理论，他们意识到要使民主的形式成功地发生作用就必需要有文化的条件。我能够从杰斐逊的著作中找到许多例子，说明他坚持：政治民主要想安全无恙就必需有一个自由的报纸、普通学校教育和地方与邻里的集团，通过亲密的集会和讨论，来管理他们自己事情。他还有几乎数量相等的言论，表示他担心南美国家在摆脱了西班牙的枷锁后会建成共和国制度，这种言论中也支持上述说法。

他曾公开地表示他担心，他们的传统会是国内的军事独裁代替外国的征服。一个“愚昧、顽固和迷信”的背景并不是一个好的预兆。有一个时候，他甚至于进一步建议，最好是让南美国家继续在名义上置于西班牙的主权之下，置于法国、俄国、荷兰和美国的共同保护之下，一直等到他们有了自治的经验，为他们的完全独立作好准备的时候为止。

在我们的民主前辈的主张中后来发展起来的弱点的真正根源不在于他们把自由的问题和培植自由的积极条件孤立隔绝起来，而在于他们未曾——而且在当时也不能够——把他们的分析进行得十分深透。这种无能的突出的例子便是他们对于公共报纸和学校教育的信仰。他们强调自由出版和公共学校是提供有利于民主的条件所必需的，这一点当然是不错的。但是在他们看来，出版自由的敌人是官方政府的检查和控制；他们未曾预见到非政治的原因可以限制它的自由，也看不到经济的因素会十分重视集中。而且他们没有看到识字教育怎样在一个专制政府的手中会成为一种武器；也没有看到在欧洲提倡初等教育的主要原因会是军事力量的增强。

教育，一般地讲来，这就是说，如果不经常注意到其组成中的一切因素，是没有什么功效的。这一点在德国本身就能说明了。德国的学校很有成效，因而文盲率在全世界是最低的，德国的大学的学术和科学研究闻名于整个文明世界。事实上，在不多年以前，我国一位出名的教育家认为如果要想补救我们高等学校的缺点的话，应该把德国学校当作是我国所应仿效的模范。然而德国的初等学校为极权的宣传提供了精神的饲料，而高等学校则成为反对德国共和国的反动中心。

这些事例是简单的，而且可能太熟悉了，因而力量不大。然而，这些事例却表明：虽然在一个广阔领土上的自由制度不可能没有一种机构，如报纸，来迅速而广泛地沟通观念和消息，并且也不可能没有普及的文化程度来利用这个机构，但是正是这些因素替民主制度带来了问题，而不是提供了最后的解答。出版物可以用一些细琐之事来转移人们的注意或者成为某一宗派的代言人，或者成为为了某一集团或阶级的隐蔽利益（但都是借名为了公共的利益）而传递观念的一个工具。除了这些事实之外，全世界的现状是这样的：个人由于许多孤立事情公开散布而感到惶惑，并形成情绪上的混乱。人们有一个世纪相信：公共教育体制从其工作的性质上讲就势必是它早年的传道师们所谓的“共和国的支柱”。在这以后，我们现在却认识到，关于公共学校的一切事情：它的官方的控制、组织和管理的机构、教师的地位、教材和教法、流行的训导方式，都提出了许多问题；至于关于学校与民主制度的关系方面的问题则大部分被忽视了。事实上，这些事情从各种技术性的角度上所得到的注意乃是这个中心问题之所以暧昧不明的一个原因。

经过了几世纪的斗争和走了一些弯路之后，自然科学现在有方法把特殊的事实和一般的观念彼此有效地结合起来。但是在理解社会事件的方法方面，我们仍然生活在先科学时期，虽然所理解的事件是历史上空前应用科学知识的结果。关于社会事件的知识和理解，我们的情况是：一方面有大量未经消化和各不相关的事情，孤立地报导出来（所以容易由于某些势力的歪曲而染上色彩）而另一方面则有一些未经证实的概括。

这种概括十分一般化，和它们想说明的事件距离很远，因而只是一些意见，并且往往只是一些党派和阶级的口号和标语。它们时常是一种披着理智语言外衣的党派要求的表现。作为一种意见，它们到处争论而且随时髦的变化而变化。它们几乎和科学的概括完全不同，因为后者表达事实之间的关系，而且当它们被用来联系更多的事实时，它们便受到它们所应用的材料的检验。

如果粗略地翻阅一张报纸的社论栏可以看出未经证实的意见以一种有力判断的一般原理的外衣出现的意义何在，那么新闻栏的内容就说明了大量不同的各不相关的事实有何意义。从新闻报纸中所产生出来的“感动人的”（sensational）这个通俗的观念对于说明感觉（sensation）的意义较之心理学书籍中对于这个题目的阐述更为有益。事件愈是从赋与它们重要意义的其他事情孤立开来，而造成一种强烈的冲击，这些事件就愈是感动人的。它们引起那些喜欢新鲜事情的人们的注意。通常关于谋杀、爱情的幽会等等的报导就属于这一类，而且用一种特大的或着色的字体来造成一种人为的强烈性。一个反应，如果它的重要意义愈为对其他事物的关系所显示出来，就愈是理性的，而不是感性的，这只是说出了一件人所周知的事。它们是用来描述同一事情的两套语言。

在现有条件之下，识字教育的一个结果就是在许多人中产生了一种追求暂时“刺激”的嗜好，这种嗜好是由于一些刺激神经末梢而和大脑机能断绝联系的冲击所引起的。于是刺激和兴奋不是为理智的产生而如此安排的。同时，运用判断的习惯便为依靠外来刺激的习惯所削弱了。总的讲来，后果并没有比现有的情况更为严重，这恐怕要归功于人性的忍受力。

由于应用科学的发现所产生的新的机构，自然大大地扩充了特殊的事件或“新闻”的范围和种类，这些特殊的事件或“新闻”影响着与它们有联系的感觉和感情。电报、电话和无线电报导着全球所发生的事件。这些事件，大部分是人们听到后只能带着一种暂时的情绪上的刺激去反应它们的。因为，由于彼此缺乏关系和组织，对于这个情境也不可能有想象的再现，如同由于没有亲身的反应所形成的那样。我们且慢惋惜我们乡村的居民在发明了沟通消息的现代技术以前所处的情境。我们应该记得：他们对于影响他们自己生活的事情，较之今天城市居民对于他的一些事情的原因所能得知的，要更多一些。他们并没有这许多零星的消息项目，但是他们势必要知道，即**了解**，那些影响他们自己行为的条件。今天，影响个人行动的那些影响相隔太远了，以致成了不可知的东西。我们是听任那些在意外的、突然的和粗暴的方式之下影响于我们的事情来摆布的。

这些考虑对于维护自由中所涉及的文化条件的关系是不难见到的。它和我们共和政府的创始人所耽溺而在我们看来似乎过于简单化了的民主观念有直接联系。在他们心目中，人们的日常工作激起首创性和生命力，而且他们所占有的消息，即使是范围狭小的，却十分直接影响着他们的行动，而它的来源很多又是在他们的控制之内的。他们的判断是被用来作用于在他们的活动和他们的接触范围之内的东西的。刊物、电报、电话和无线电已经无限地扩大了一般人所能处理的消息范围。迟钝的心灵已经增加了一定的速度，要否认这一点是愚蠢的。但是除了开辟一些途径使有组织的宣传可以继续激起情绪而把许多意见压抑下去以外，还有一些消息是难以作出判断的，而且即使想去加以判断，也无法有效地去进行，因为所要加以判断的材料是十分广泛复杂的。在一般人的四周今天有的是一些现成的精神物品，正如许多现成的货色、商品和各种小零件一样。他不像他的拓荒的先驱祖先们那样，亲身参与制造精神的或物质的物品的工作。结果，他们知道很多有关他们自己四周的事情，但是关于这个世界整个地在做些什么，他们却知道得很少。

村镇会议形式的自治对于管理当地的事务，例如学校建筑、地方财产、学校附近的道路和本地捐税等等，是合适的。参与这种形式的自治是为较为广泛的自治作好准备。但是这类事务如在现有条件下的道路和学校即使在农村地区也不仅具有当地的意义；而且虽然参加村镇会议，就激起公共精神而论，是好的，但同时它还不能提供消息，使得一个公民成为一个对国家事务的理智的判断者，而现在国家大事是受世界的情况影响着的。学校的文化教育不能代替从前为具有教育性的直接经验所培育出来的那种性向。由于缺乏有关的亲身经验所产生的这种空虚感和由于许许多多不相关的偶然事件所产生的这种惶惑感,两者联合起来产生了一些对待有组织的宣传工作的态度，这种宣传成天灌输同样的几种比较简单的信仰，断言这是对国家福利的根本“真理”。总之，如果我们要懂得当前有组织的宣传工作的力量，我们就不得不考虑到由于机械工具的巨大发展所产生的人性态度。

各不相干的事实在数量上和在种类上的日益增加，继续不断地影响着一般人，其后果是比较容易见到的；至于流行的概论，既未为观察的事实所证实，而又对实际事件进行解释，其影响所及就不是那么容易见到的了。这种影响与其说激起了批判的探讨，毋宁说，引起了人们的默认。人们低估概论或“原理”的影响，主要是因为这种概论在习惯中十分根深蒂固，因而人们受它们所激动而难以觉察。或者，即使觉察到它们，他们也把它们当作常识的自明真理。当习惯根深蒂固而成为人的第二天性时,它们就似乎具有像恒星运行那样的不可避免性了。这些用语句陈述出来而在一定时期内广泛流行的“原则”和标准，通常只是为人们无意识中所赖以生活而不是从理智的意义上去信仰的一些概括的陈述。于是当人们生活在不同的条件之下，形成了不同的生活习惯，提出了不同的“原则”时，这些“原则”便被拒绝接受，认为它们是外国人流传进来的与我们的制度相敌对的病疫根源。

意见在一切人事中既是最肤浅的，也是最牢固的东西。它们间的这个差别要看它们和完全在无意识中活动着的习惯是否具有联系。口头上的习惯也具有力量。祝咒的经文已经仅仅是仪式上的口头禅了，但人们还继续听从它们。乃至口头上的服务也有实际效果，它可以产生理智上和情绪上的分裂。后者也许不是存心的伪善。但是它们构成了那种不诚实，即自己的表白与行动的不一致，如这样一些使我们惊奇的事例，显然，一个人“相信”他所说的话，却不意识到他的言行是不相一致的。像在当前时代里，即当实际事情变化巨大而在文化上、口头陈述上又落后于这种变化的时候，这种悬殊，这种不诚实的情况，就变得更加深刻和广泛了。而有些首先欺骗了自己的人们在欺骗别人时也愈有效果。在人类现象中最使人惶惑不解的现象之一就是人们“诚心”做了一些事情，而逻辑的论证却能很容易证明它和这种诚心是不一致的。

这种不诚实较之有意的伪善更多地为人们所常见而且具有更大的危害性。在这样的时期中，当人在反应中的行动和外在的习性随着环境的迅速变化而变化，而他们在环境变化以前所形成的根本情绪和态度却还没有相应的变化时，这种不诚实的情况是大量存在的。当前这种“文化上的落后”到处都是明显的。情况变化的速度是空前的，因而我们可以估计说：上一世纪所看见的人们生活和交往的情况的变化较之以往千千万万年所发生的变化还要多些。步伐是如此迅速，背后的传统和信仰几乎不可能跟上去。不仅是这里或那里一些个别的人们，而且大多数的人们通常对他们周围情况的反应所采取的行动跟他们熟悉的口头反应是没有联系的。然而后者却表达着一些渗透了情绪的倾向，它们在口头上找到了出路，但没有在行动上表现出来。

如果我们不考虑在人格构成中所发现的道德上和宗教上的分裂，我们就难以适当地估计文化对今天构成自由的因素的效果。如果我们不从当前失调的情况中构成理智上和道德上的统一，我们无论在理论上或实际上都不能成功地处理如何创造真正民主的问题。在情绪上和性质上与过去结合在一起的态度和由于必需对待当前情况所迫使存在的习惯之间的裂痕、分裂乃是那些人们公开申言忠诚于民主，而他们日常的思想和行动却又并不符合于这种公开申言的道德要求的主要原因。不管这种分裂是在生意人中、在传教士中、在教育家中或在政治家中发现的，结果是进一步削弱了真正民主之所由产生的条件。对我们民主的严重的威胁不是外国极权国家的存在。它是在我们自己的态度之中以及在我们自己制度之中所存在着的那些类似在外国曾经使得外在权威、纪律、一致性和依赖领袖取得胜利的条件。战场也相应地在这儿——在我们自己和我们的制度的内部。

第三章　美国背景

欧洲突然出现了专政和极权国家，因而提出了上述这些问题，同时，我国的情况也直接对我们提出了类似的问题。现在还提出了这样一个问题：一世纪半以前讲述民主信念的实际背景是什么。历史学家论及那些产生独立宣言、创立联邦、通过联邦宪法的史实时告诉我们说，实际上激起起义领袖们反对大不列颠的乃是对工业和贸易上所加上的种种特别限制以及苛捐杂税的征收；而在成文的陈述上，所谓对固有自由权利的限制事实上就是强加于工业事业上的种种负担，使得有特权和有势力的人们遭受经济上的损失。

史家并没有从他们认为产生革命的具体条件的报导中，得出这样一个可笑的结论：关于自由、自治、共和体制等观念是一些有意的虚伪，企图欺骗那些在斗争中也许是漠不关心的人们。他们的结论倒是：领袖们把他们所遭受的特殊限制概括成为关于压制的一般观念；而且以类似的方法把他们要从特殊的苦恼中求得解放的努力扩大而成为一个追求自由的斗争，把它当作是一个单一的无所不包的政治理想。

在美国移民和英国官员之间的距离，自然方面的距离，被概括起来，便成为这样一个观念符号：一切不是由自己授权从事管理的政府都是和人性与人权不相容的。用现代心理学的语言来说，一个集团从一定的、特殊的迫害中得到摆脱的一种局部的斗争已经“被理性化”而成为全人类获得抽象的自由的一个普遍的斗争；这种理性化，好像一切其他在危急关头所产生的理想化的东西一样，使得人们更好地忍受痛苦和激励斗志，以持续到得以避免当前的迫害。他们并没有跟史家一样，作出这样的推理：即任何名义上的所谓积极地热爱自由事实上只是从某种特殊的祸害中求得解放的一种努力；而且当避免了祸害时，人们便从爱自由转向于享受他们所占有的特殊利益。但是从他们的事实的叙述中却暗示出这样的一个结论。

这些历史学家们也未曾作出这样的结论：即经济的力量是推动人们采取集体行动的唯一力量，和生产力的状态是决定社会关系的最后因素。历史学家们并未曾敢于这样遥远地超越范围作出广泛的概括。但是在他们作为史家的职守中，他们曾经指出了特殊的经济因素在产生这次革命中的影响；以及被改变了的经济条件，在联邦时期的混乱之后，在产生特殊的宪法条款中的影响。他们曾经唤起人们注意农民和商人之间的利害冲突对于政治事件的持续影响。例如，他们指出：在共和国的头三、四十年间共和党和联邦党在其所拥护的政策上的差别代表着一种在农业和商业派系和团体利害上的差别；这种冲突反映在党派对集中和分散管理、对司法，特别是最高法院的权力、对自由贸易和保护税则、对英、法等国的外交政策等方面的态度。

独立宣言和美国宪法两者之间在情调上的显著差别可申述如下。前者在语气上要激烈得多，这一点是容易用这个事实来解释的，即它是由信仰民主运动的领袖中最坚定和最直爽的人所起草的。许多条件互相支持便使他在这个关头成为代言人，而不同的条件却把另一些人置于宪法会议的前线，因为这时候他正在法国，不在国内。在一种情况下，这个国家需要在自由的名义下集中一切力量来反对一个外敌。在另一种情况下，那些已经取得了地位的人们最迫切的需要似乎是保护既存的经济利益，反对人民以自由为外衣来对秩序和稳定进行猛烈攻击。当时也需要有一种调和，把各种派系联合成为一个联邦政府。即使在他活着的时候，独立宣言的作者还担心君主和寡头的倾向会暗中破坏共和制度。

历史学家们曾以指出在特别紧急关头发生作用的一些特殊的经济条件为满足，而马克思主义的社会哲学则根据这些条件作出了全面的概括。马克思主义者认为他们所得出的概括陈述了支配一切社会变化的运动和最后结果的法则，而历史学家只是对社会变化作具体的叙述。历史学家所曾指出的概括不过是一个实际的准则：如果，你想获得一定的政治结果，你一定要设法使经济条件倾向于产生这个结果。如果你想建立和维护政治上的自治，你就一定要设法不让工业和财政的条件自动地与你的政治目的相对抗。

这种态度留有一定的余地，它可以容纳各种各样的政治意见和实际政策，从采取政治上的行动来制止那些获有了不应有的力量的垄断趋势一直到企图把工业和财政“社会化”。而另一方面，马克思主义者的主张则指出了一个普遍的法则，宣称它是科学的。它由实际上或扬言信从这个“法则”而产生它的实际政策。

无论是在适当的或极端的形式之下来考虑经济因素对政治条件的影响，这些有关的事实已经使得形成联邦时所存在的民主自由的问题大大地复杂化了。原始的民主理论在陈述上是简单的，因为使它生效的条件是简单的。作为一个理论，它陈述着人性中追求个人自由，追求从对个人信仰和行为所施加的外来统治中获得解放的广泛愿望。和这种愿望的信仰相联系的，还有一种信仰，这种信仰是由于那些激起争取独立的斗争的条件所产生的。这种信仰认为：实现这种愿望的主要敌人是政府官员无限地扩大他们的权力的倾向。于是取得反对这种滥用权力的保证，便似乎足以建成共和政府。

后一种信仰是当时反英独立斗争的表现。这种信仰又由于许多人回忆到过去促使他们从这个故乡迁徙出来的情况而更为加强了。就杰斐逊这位在一切美国领袖人物中最理智和最出色的领袖而论，这种信仰是由于他在寓居法国时所亲身观察的事情而更为加强了。他在那儿的经历使他无条件地支持这种说法：在一个政府暴虐国家里，一个人不是铁锤，就是铁钻。如果我换一个方式来说明这个问题，这个主张由于下面的事实从反面得到了支持：十八世纪末叶，对于自由，还没有其他可以看得见的有组织的敌人出现——虽然杰斐逊曾经带着一种恐惧心理，预料在工业和商业的成长中和在有大量人口的城市的成长中会有这样的一种敌人兴起。

不管怎样，作为一个理论，这种主张的核心是实际上把自由和一个人的态度等同起来；而所存在的自由范围便被当作是衡量实现个性的程度的尺度。这种态度和信念可能用两种不同的方式来加以解释。按照一种看法，它是开垦初期条件的一种表现；它是适合于那些条件的，但作为有关个人和政府的一个普遍真理而言，它完全是无所主张的。按照另一种看法，这个观念虽然有些梦想的性质，但是如果人类要有一种真正的人类生活，它却表达着一个为人们所极力维护的原则。叫它梦想也好，叫它理想也好，它已和这样一种对美国生活有着巨大影响的传统融合在一起。

然而，这种传统的影响有两方面。一方面，它促使人们努力保持和加强那些它所由产生的条件。但另一方面，一种传统也可能产生一些习惯，阻碍人们去观察现实正在发生着的事情；也可能产生一种幻想，共和体制已经衰落之后，仍然被当作是十分旺盛的。现在有些人认为经济发展的反民主的效果已经破坏了本质的民主，因而只有把工业和财政民主化或“社会化”，才能恢复政治上的民主。不管对这个观点有怎样的想法，它的存在就标志着情况大大地改变了。在创业的祖先们看来，通过任何政治手段控制生产和分配商品与服务都会让他们所奋斗的一切完全化为乌有。当一个运动，即使是一个适度的运动，倾向于采取政治行动对商业加以社会控制时，类似的信仰仍会特别有力地出现，——这时候就把这个运动贬责为破坏了“美国主义”。不管那一边是对的（如果两方面只有一面是对的），这种分裂对于民主事业都是没有好处的。

我们所关心的不是在不同的社会学说的学派中去决定那一个是正确的。我们甚至于也不考虑在这一点上去判断政府的行动是否必然对维护个人的自由是敌对的，或者如果没有政治上有组织的支持，自由是否会变成一句空话。问题是关于自由的以前的情况到现在已经复杂化了。假如有人主张：要保持民主制度，还需要政府的机能的扩大，而这正是对我们的传统的创始人来说，应该与之作斗争的敌人，上述那种复杂化的情况就很清楚了。不管社会哲学的哪一派是正确的，自从自由和民主的问题作为主要是可以由严格的个人选择与行动所决定的个人问题而出现的日子以来，情况已经改变了。因为按照过去的观念看来，只要使得为个人本性所固有的那一种追求自由的愿望保持生气旺盛和警惕地监视着政府官员的行动就够了。具备了这些基本条件，所需要保持自治的手段就简单了。它们只是：仅仅作为公民代表的官员对公民的个人负责；普遍的选举权；经常的选举，因而使得官员们经常要考虑到他们使用权力的方式；多数的统治；使政府的单位尽可能地狭小，因而人民会知道他们的代表们在干些什么。只要通过一个"民权法案"（Bill of Rights）而且保证有效执行，上述那些措施，加上完全废除任何从英国带过来的封建制度残余，就够了。因为民权法案保证个人自由免受政府官员特别的侵犯，（例如任意逮捕）。它用保证自由言论、自由出版、自由集会、自由选择信仰的权利规定自治在道德上和心理上的条件。维护这些权利，上述少数而简单的政府机构就能保证自由制度安全无恙。

影响政府机构的工作和维护构成民权法案的那些自由的条件较之一世纪半以前要复杂得多了，这一点是很明白的，无需乎争辩。不管一个人是否相信有必要对经济活动增加社会控制或者是否相信在工业和交易中要尽可能多地允许私人的首创性，双方都必须承认非个人的力量是以共和国初期所梦想不到的程度活动着。

无论其他方面合理地得到了解决与否，有一点是明确的，即在决定事情的进程中非个人活动对个人活动的比例已经大大地增加了。跟手工用具比较起来，机器就是一种非个人的中介。自由的土地、无主和闲置的丰富自然资源——这些使得人们和自然发生面对面的个人联系的并使得个人之间发生密切接触的事物——已被到处活动着的非个人的力量所代替了，原因和结果相隔很远以致不能为人所感知。当年，比较上为数不多的“雇工”，他们是和他们的雇主一同在作房里劳动着；而在现代工厂中，千千万万的工人却根本看不到工厂主（而他们自己又是分散的股份执有者，甚至互不相识），他们只有通过代表去和那些直接负责管理工作的人们发生接触；这种生产方面的变化，便是一个带象征性的事例。大规模的生产需要大量资金，这甚至也把个人的财务上的责任从所有权分开了。财产的整个意义已经改变了。“私有的”财产，按其旧有的意义来说，已经消逝了。我们还可以用另一事例来说明这种情况。农村生活中原来各个人之间都彼此熟识，但这已为人烟稠密的城市所代替了。城市里的人们即使同住一楼彼此也不相识；而在政治方面，他们却被召唤来选举大量的人们，而对于这些人他们甚至于连姓名也不知道。

问题在于在一个人的行动和他的行动的后果之间间隔着有无数的无限分散的条件，甚至包括回过头来又落到他身上的后果在内。在时间和空间上的间距是如此地宽广，以致无法预见决定其最后结果的大量的因素。即使能够预见，但产生这些结果的因素也远超过平常人所能控制之外，正像他们不能控制地震一样。大量失业现象的重复发生，随之而来的严重地收缩生产以及雇主和雇员双方都不安定的后果，这就是一个具有说服力的例子。即使承认在雇工方面的怠惰与无能和在雇主方面的漠不关心，这些危机的重复发生仍是不能理解的，除非这证明了有一种超越于个人控制之可能的力量在发生着作用。目前有人建议取消被救济者的选举权，如果再补充一个建议，剥夺掉一切不偿还债务的雇主们的选举权，这就等于在执行圣经上所提到的要剥夺掉人们所没有（虽然似乎他们应该有）的东西的那种说法。

当前造成失业的条件十分广泛分散，在工人们看来，无论是在就业的或失业的工人看来，这时候比起情况已经稳定、就业机会十分普遍可靠的时候，政治的行动就更加重要了。在一切工业化的国家里，有许多由政府设计来提供工作机会的运动；也有许多规划，用失业赈济金和官方救济来弥补那些由于实业家和财政头子不提供生活手段而产生的恶果。这些措施主要的是带有和缓性质的，这就足以证明：它们所涉及的与其说是原因，毋宁说是一些现象；这个事实又反过来证明：根本的经济条件是一直超越于控制之外的，以致要诉之于紧急措施。恶果未曾得到弥补，而且在某些方面反而更加恶化了。这个实事产生了一种反应，宁愿回复到个人的主动——那就是说，把事情的进展让那些储备有丰富资源的人们去决定。

目前还没有什么东西阻止着这个反应暂时继续下去。因为当前美国政治中主要的现象是：投票人基本上被他们和全国所遭受到的那些容易看到的罪恶激动着。既然这些罪恶或多或少地要归咎于当权政党的行为，于是当这个和那个政党，这个和那个调整经济情况的政策路线变得显然是相对无能不足以防止广泛流传的灾难时，便会不断地互相交替，彼上此下。现有指导着现代工业及其社会效果的政治形式已经显得这样无能，以致使人们不再信任议会制度和一切形式的民众政府。这就说明了为什么民主在今天既受到左翼的攻击，也受到右翼的攻击。没有理由假定像合众国这样一个高度工业化的国家会是一个例外。

虽然占有阶级是比较安全一些，但是它的成员也是由于一再发生循环的不景气象而深深感到不安。随着民粹党运动、互济政策、新政策在政治生活中所采取的紧急状态而来的是那些直接使农民、产业工人等等遭受影响的不景气现象，而这些人们又因为直接在利害上分歧而没有在政治上联合起来。但是认为小康阶级、雇主和企业家阶级并不是不安的，因而他们能够采取政治行动加强它在政治行动的代理人方面的控制，那也是愚蠢的。当那些从占有阶级的立场看来是激进的集团的活动增加时，尤其当他们还没有对情境获得根本的补救时，占优势的经济阶级的活动也在增加。当大量出现了混乱的时候，赞成“法律和秩序”的中间阶级分子便取得胜利。十分奇怪的是，从很不同经济地位的两个集团所发出的这种要求安全的愿望却会结合起来，使它们更加容易放弃民主的行动方式。从两个相反的来源所发出的要求安全的愿望结合起来，便成为欧洲国家以独裁代替议会的一个因素。在我们国家里，美国法西斯运动兴起的危险也来自类似的根源。认为比较占有经济优势的阶级如果没有强有力的群众支持（这意味着要求那些比较占下风的人们的支持），就不能推行独裁，这是矛盾可笑的。“安全”是一个包含有很多不同利害关系的字眼，而所有这种利害关系对于维护民主所需要的条件都有关系。

简言之，我们的政治形式过去形成时期所不可能预见到的经济发展已经在民众政府机构的工作中产生了混乱和不安，因而民主这个观念已处于根本的紧张情况之下。杰斐逊担心由于手工业和商业的发展而产生有害于农业的后果，而情况的变化却已远远地超越了这些特殊的后果。作为工业化的结果在英国发生的工人政治权利的加强以及这个因素在政府的自由化中所起的作用，是他所未曾预料到的。到此为止，为杰斐逊和汉密顿原来所代表的利益在执行联邦政治的权力方面现在已经变换了地位，对于这个事实是没有特别理由使人感到奇怪的。因为杰斐逊的关于自治政府、关于人民的最高权威、关于以公共快乐或福利作为政府之目的的原则，在今天也能被利用来支持那些与杰斐逊所主张的政策相反的政策。

真正的问题还要比较深入一步。由于一般社会运动存在着的混乱状态，因而政治运动就没有界说分明的连续性可言。在合众国，像在其他国家里一样，一般的倾向是增加了对私有工业和财政的公共控制，这是不可否认的。但是这个运动在理论上是不确切的，而它的各种后果实际上也不是一致的。事实上，斯宾塞（Herbert Spencer）有一个论点现在还能够重新提出有力的证明来支持它：这就是说，经济情境在许多细致的平衡的因素互相依赖的情况之下，是如此错综复杂，以致为当局所制订的有计划的政策一定会有完全不能预见的后果——往往还会和原来意图相反——如同我国所曾发生的那样，突出的是那些关于为了控制农业生产所采取的某些措施方面的情况。

以上我所论述的乃是关于经济条件对民主政治习惯和信仰十分直接的影响。目前暗中破坏和挖墙脚的工作在我国还没有开始像欧洲各国那样严重，在那里已经采取了某种形式的国家社会主义。但是这里也已经产生了不稳和混乱，而且关于政治的民主对于目前条件是否合适已经有着不断增长的怀疑。在这里，我们还必须注意，过去比较容易为个人的机智与洞察所能预见与控制的条件所发生的变化还产生了另外一个后果。比较说来，单独个人的力量影响事物的进展是软弱无力的，于是个人间就构成各种形式的联合来保护自己免受非个人力量那种强烈的破坏性的影响。现在许多集团已经占有了为过去个人所占有的地位，这一点对于社会学作者来讲差不多已经是一种常识了。例如，一方面有了工会，对调整工资、工作时间和物质条件等方面进行集体的交涉；另一方面有了联营、合并、联合企业、托拉斯和雇主协会，还经常指导武装的罢工破坏队。当集体活动具有了一种为个人努力所不再具有的力量时，自动和自治的个人主义的学说便受到了剧烈的打击。

联合组织的成长对民主主义主张一切人们都应该平等、自由的那一部分已经产生了一种后果。关于平等的学说绝无它的某些批评者所设想的那种意义。它从未主张自然禀赋上的平等。它是一个道德上的、政治上的和法律上的原则，而不是一个心理的原则。杰斐逊和亚丹姆斯（John Adams）一样，真正相信有一个“天然的贵族社会”。的确，心理上有显著的不平等，这就是必须建立政治上和法律上平等的一个重要理由。否则，禀赋优异者就会有意无意贬低才能低下者为实际奴隶。“自然”和“自然的”是用来解释行动进程的字眼中最模糊的几个字眼。它们模棱两可，因而让人经常用来为自己所想望的任何措施和目的作辩护。这些字眼意味着天然的、原来的或先天的东西，与生俱来的东西有别于培养而得的东西和经验的结果。但是它也意味着已经为人们所习惯了的，为习俗所熟悉了的东西，是想象所难以有任何不同的想法的东西。习惯乃是第二天性[①]，而第二天性在通常情况之下有和第一天性同样的力量和有同样的需要。而且自然具有了一种明确的道德上的意义；所以，凡是正常的东西就是正义的；那是应该如此的。

人们无意地，也可能有意地肯定说，人们天然是自由的和平等的，这是利用所谓“自然的”一词具有前两种意义的弱点来加强这个字眼在道德方面的力量。而在道德意义上“自然的”为政治和法律提供了命令式的伦理基础，这又是民主理论的公理式的前提行使自由被认为是道德上的权利，这在事件的进程中，特别是在经济的事件的进程中，已经严重地威胁着法律上和政治上的平等。虽然我们或许不相信蒸气、电力等等革命后

① Nature 作“自然”解，或译为“天性”“天然”。——译者

果已经抵消了在道德上信仰平等的情况，但它们的活动却已经产生了一个新的困难问题。法规、行政措施、法律判决对于维持平等和自由所产生的结果不能从十分直接的个人后果来加以估计。我们必须首先估计到它们对于复杂的社会条件所产生的结果（这大半是一种猜测之事），然后设想这些新的社会条件对于个人会产生什么结果。

不管其他禀赋怎样不相等，即使每一个人都具有同样程度的理性力或常识的能力，如十八世纪乐观主义的理性论假定人们所具有的那样，这种能力对当前判断政治上和法律上的行动的原因和结果仍是效用不大的。社会领域中的所谓实验和自然科学中的实验是大不相同的；毋宁说，它是一个尝试与错误的过程，带着一定程度的希望和一大堆的议论。立法是多少带有理性的一种临时表演，目的在于用一些拼凑的政策来缓和形势。另一条明显的可以选择的道路似乎就是指向最后的独裁的权力集中。既然至多立法也只能一般性地通过一些措施，这些措施又非自己解释，更非自己执行，而等待法院去判断法律的具体意义又是一个代价昂贵而不确定的过程，于是掌握大权的行政机关就几倍地增加了——虽然这些行政机关的设立跟名义上仍属于宪法理论的三权分立说是不相容的。具有自由观点的人们，充满着对独裁的恐惧，而有些人的特殊利益和反社会的利益又受到这些委员会的行动的不利影响，于是他们便联合在一起，进行全面的攻击——看不见新的行政机关是如此绝对地需要，因而真正的问题乃是如何在能以防止形成严重的官僚政治的条件之下来建立一个理智的和有效能的行政职权。

与此有关的一点，就是早年的理论和实际都曾假定在自由和平等之间具有一种内在的，或所谓既在的协调。当工业和商业中已经实现了自由的时候，由此所产生的经济上的不平等便又反过来反对机会平等的存在。只有那些别有用心的人们，才会这样主张：在最民主的国家里，在最有利的条件之下，穷人的孩子们和富人的孩子们享有同样的机会，例如像用公共经费所维持的学校教育这样一类的事情。而富人的孩子们由于他们在片面的条件之下成长起来而受到损害，这也不是一种足以使人安慰的补偿。

早年理解自由与平等的关系问题的方式明显地表现在法国革命时期为防止联合组织与协会，乃至那些志愿结合的组织的成长而采取的惩罚上；那些主张自由、平等和博爱的革命理论的领袖们深信：联合组织和自由是势不两立的。英国有反对工会的法律，把工会当作是叛逆，其根源并不相同。但是这种恐惧联合和组织的心理，不管从什么来源（自由的或反动的）出发，都证明有一个问题存在。甚至前总统伊里奥特（Eliot）也小心地担心工会的成长会限制了工资劳动者个人所喜欢工作的时间、地点和方法，他呼吁一种关于自由的某种类型的并非不寻常的信仰；当前在全部雇员都限于工会会员的商店中，这种态度仍然大量存在。“在原则上”赞成集体交涉的人们，当系统地运用这个原则时便又退缩了。在这里，我们所关心的，也不是要说明谁对谁错，而是要指明这样一个事实：即为现存技术所产生的工商业的条件已经在一种完全未曾预见到的方式之下产生了组织与自由的关系问题——结果成了哲学家们所谓的二律背反。

个人只有跟大规模的组织联系起来，才能得到自由，而这样的组织又成为自由的限制，这两方面都有使人信服的论据。无论如何，在工会中工资工人有组织的结合和在联合经营、联号、合并、托拉斯、君子协定等之中资产阶级雇主的有组织的结合乃是同一过程的两个方面；同时，所谓消费的公众这个不明确的无组织的东西又转过来对这两方面都倾向于同样表示怀疑，他们认为，在一定时间内当某一方面产生了显然的不自由时，就会显得似乎最为活跃。至于到底怎样没有大规模的统一和集中而能够产生大规模的生产与大规模的分配，并由于迅速的交通运输而减少了空间的障碍，这是不可能解释的。然而有很多在文字上而不是在精神上赞成早期民主信念公式的人们却在那儿对这两种组织形式中的这一种或另一种表示遗憾或谴责，认为它的存在有损于自由与平等的理想——这一事实证明了存在着一种新的问题，不管它的答案怎样。

如所熟知的，人们对议会机构的实效越来越不信任乃是事情复杂化的结果。主要根据政党的利益所选举出来的一群人怎样能够具有足够的知识和技能以应付当前这样广泛的互相联系的情况呢？每当总统有坚强的自信心时，在立法机关和行政者之间便会发生一定程度的矛盾，这是美国生活中的一个老问题；而且在这样的矛盾情况之下，行政者倾向于把他自己当作是群众的代理人，而立法机关则是选举出来代表某种特殊利益的。这一事实的存在不仅是美国史上如此。立法机关为了对付实际情况而采取有效措施，但又由于人们认为他们由于过去的联系和教育，有时由于腐败贪污而跟法院和行政机关勾结在一起，以利于某种特殊利益，因而增加了困难。这种不信任的情况既为暴动的鼓动者造成了机会，也为未来的独裁者造成了机会。前者是站在被压迫的群众一面为反对压迫而说话；在历史的事实上，他往往有意地或不知不觉地成为一种新形式的压迫的代理人。据说惠·朗（Huey Long）曾说过：法西斯主义将以保卫民主使不受敌人破坏的名义在这个国家出现。

认真讨论当前政治和经济的关系，势必涉及乡村、城市、国家、政府和民族等方面的情况，而其结论将会累积成册。其结论将会充分地加强这样一个主题：工业和政治的互相联系和互相依赖的情况使得民主政策的问题具有了一个崭新的面目。能够引用的事例很多，我再从中提出一个事实。如果股份公司没有得到合法化，现代工业就不可能发展到现在这个地步。股份公司是国家的产物，也就是政治活动所创造出来的东西。如果不通过立法和法院的行动，它是无法存在的。当第一次承认商业股份公司的形成的法规被通过时，许多早年限制政治权力和主张极端分权的论点都事实上失去了时效。我国在商业上的利益和政治上的措施之间尖锐的斗争在很大程度上就是要看为政府或前辈所生出的孩子是否控制其父母后来活动的一种斗争。为政府所创建起来的股份公司在法院判决之下的活动就确实证明了：政治和商业活动是在多种多样的和密切联系的方式之下交织着和混合着的，而当我们政府过去作出那些安排布置时，所有这一切的方式都是无法预见的。关于马车时代和火车飞机时代之间的差别的那种讽刺诗句至多也只是暗示由于在工业使用的工具方面起了变化，人类的关系也因而已经有了巨大的变化。这些新的关系需要对义务和权利作出新的决定。过去主要的问题是维持个人与个人之间的和平关系，而现在大的联合组织已经大大地代替了个人来作为有效的活动单位，所以过去对义务和权利的决定已经不适用于决定今天的义务和权利了。这种需要变化的本身便使得现存民主机构是否能以促进这种变化，成为迫切需要解决的问题了。

这就是以上概略的讨论所指向的基本问题。这是各方面在制订各种计划和政策之前所迫切需要解决的问题。例如，请考虑这样一个论点：既然工业的过程，在劳动和资本两方面，都已成为集体的了，所有权和管理也都必然要是集体的，结果便要取消从地租、利息和红利中所取得的私有收入。从民主的立场看来，这个由于维护民主所提出的目的，便产生了是否有可能通过民主的方法来实现它的问题。能用民主的手段来实现这个变化吗？假定是可能的，那么在实现了这个变化之后，商品和服务的生产和分配除了通过一种破坏了民主的集中权力以外，还有别的办法来进行吗？这两个问题中的第一个问题就在自命为社会主义者中间发生了深刻的分裂。有人主张这个过渡是能用公认的民主手段来实现的但更大一部分的人和当前比较激烈的一派则主张民主政府恰恰和那些需要消灭的东西有着内在的联系。所以如果相信除暴力推翻现有的政府并且把权力移交给工人、工厂工人的代表以外，用任何手段来实现这个变化，都是矛盾可笑的，或者更坏一些，是有意的欺骗。按照这个观点看来，政治国家从来总是，而且就其实质而言，就是占统治地位的政治阶级的一种武器，而且既然那个阶级就是资产阶级，那么这种变化必须从完全把它推翻开始，这在他们看来，是带有公理性质的。

假定这个巨大的变化已经来到了，不管是通过这一程序或另一程序，然后是什么呢？询问这样一个问题差不多就是唤起大家注意一个很少引起大家注意的根本问题。对于大多数人来说，他们会答复说：是好是坏，今日之事今日足矣，勿为明日担忧。既然设想这样一个从未存在过的社会状况的具体细节将会是空洞的，那么力量就应该用来引起暴力革命或用来进行为和平过渡到一个社会主义社会所需要的教育。有许多属于后一类型的社会主义者留在我们民主的传统之中，相信，继续运用民主的方法将会使得其他的方法成熟以致可以用它们来处理以后将产生的一些特别问题。然而，事实上，当前流行的关于社会主义的观念却是把它和国家或政府的社会主义等同起来，而民主的社会主义则强烈地反对后者，除非把它当作是一个过渡的阶段——这一事实指明，这个问题并未曾引起很大的注意，工团主义的社会主义是最明显地考虑到这个问题的一个派别。

社会控制工业的方式至今大部分仍然是在政府保护下，由政府官员去管理或占有它的。国家社会主义、布尔什维克社会主义的国家如此，民主国家也如此。理论上和实际经验上都还未曾表明：国家社会主义在实质上是否不同于国家资本主义。即使我们不得不永远放弃早年的这样一个信仰：政府行动，由于它本身的惰性，是和自由的自治相敌对的，但是我们也不能否认这样一个历史事实：掌握政治力量的官员会专横独断地利用这种力量。那种相信有时可以把工业从私人手里拿过来的想法是一种天真的想法，除非事实表明：这个新被信托的私人或个人是在严格控制之下，因而有理由确信他们是在为公共的目的而工作着。我不是说，这个问题不能民主地得到解决；也不是说，工业的“社会化”一定会继以像放任的个人主义的拥护者们所随意预测的那种组合情况。我是说，民主的争论已经采取了一种新形式，而在这里关于经济因素，（如它们目前的活动情况）对于民主的目的和方法的关系，还没有很多有益的经验。

在缺乏适当经验的情况之下，就容易提出一些笼统的理论，彼此反对；目前把人性问题说成是个人主义与社会主义的对立，这既是当前社会的经济因素分裂状况的一种反映，也是从事于笼统的反对的一个事例。在这种从观点上彼此反对的情况下，每一种理论就夸大另一理论的弱点，因而增加了混乱。希望在工业社会化时就能立即引入一个新的社会秩序，这是一种空想，它除了消极地，即废除私有利润、利息、地租以及固定投资的收入以外，就没有什么意思了；而不断重复地说：工业和农业垦荒情况下具有意义的个人独立性、首创性以及其他适合的性质之间是互相联系的，这也是非常不现实的。至于说在现存的所谓资本主义政权与民主之间存在着一个预先建立的调和状态，这个观念也是人类历史演变中最为矛盾可笑的一种形而上学的思辨。

利益、政党和宗派之间的斗争是特别有害的，因为这个问题是一个共同的人类的问题，处理它的方式以及它们的结果同样影响着所有的人们。首先必要的是研究如何进行科学合作的问题。利益上的斗争可以使人比较清楚地认识到各个有关方面不同的利益以及在任何最后的解决中它们总是要被调和起来的，这一点在理论上是可以理解的。然而当冲突在双方都建立这样一个假定上：即认为它们已经占有了真理，因而不再需要对情况进行科学的考察，然后再去决定应该采取哪些政策的时候，政党的斗争就成分裂和混乱的根源。

本章的讨论强调了我们文化的经济方面，因而是片面的。但是工业化和商业化在决定当前文化的性质时起着这样的一个作用,以致对它的情况的分析便特别清楚地成为头等的需要了。然而强调经济的事实并不证明关于合作性的民主自由的争论通过直接地和单独地对待经济的方面的讨论就能够得到解决，因为在工业中和在收入的分配中所赖以产生的预见的结果的手段只能借助于科学、道德和我们共同经验的其他方面的相应变化才能加以控制。事实十分清晰地指出：求得完全的民主的经验的全部情况，在经济方面和在法律方面的，也还不具备。无论从消极的和积极的方面看来，事实暗示对于这个孤立地把经济因素置于最高地位的理论进行批判性的检验是十分重要的。交互作用的重要意义将更清楚地表现在相反的方面。

第四章　极权主义经济与民主

社会朝新方向运动时，总会产生一些简单化的事情。从事想象就会不去理会那些可以使得见地模糊的单一性的东西；进行计划就会撇开任何妨碍集中精力的东西。后来，这些被遗弃的东西才又得到注意。这时候，人们就认为原计划之所以未曾实现是由于遗弃了这些东西的缘故。热望之后便继以失望与挫折；希望之后，便重新进行严肃的和批判性的考虑。对于任何宏大的社会远景的实际价值，往往是失望的。在一个浪漫主义的理想主义时期之后，便继以所谓严酷的现实主义和显然一种情绪上的幻灭。我们过去在很大程度上就处于这样一种状况之中，一直到后来极权国家兴起，提出了挑战，迫使我们不得不重新考虑根本的原则。

人们容易忽略早期简单化到后来给人带来的好处。简单化所产生的益处和所造成的害处在开始的时候和到后来批评的时候，被颠倒过来了。其实，简单化是有好处的。因为简单化可以使人们清楚地认识到人类事务中新发生作用的倾向，这种新倾向更充分和更自由地发挥，也就丰富了人类的生活。夸张使得新的因素突出；然后承认它，而这种承认便成为推动它的一种积极影响，因而新的因素便有意识地而不是多少盲目地发生着作用。有害的是：事实上，由此所构成的理论是以一种绝对的措辞陈述出来的，似乎它可以适用于一切地方和一切时间，而不限于当时的条件，并且具有一定局限性。后来，当条件发生变化，以致原有观念失效时，同样统包一切的反动就来了。原来的观念被贬黜为纯粹的幻想；与激起原来观念的条件相反的某种更新的运动于是往往又具有类似的绝对性。

自从自然科学以及随之而来的技术兴起以后，理论方面的简单化有两大类。理论被简单化，或者夸大人的因素，即夸大人性中所派生出来的构成因素，或者夸大“外在的”环境因素。流行的观念则常常是一种多少带有一些模糊的和矛盾的调和物，从每一个观点中吸取一些因素而乱七八糟地把它们混合在一起。我们在本章和下一章将讨论两种各趋极端的片面简单化的理论，假如注意到这两种极端的看法在它的现有的前提下是合乎逻辑的，但由于这些前提的绝对化而在行动上使人走入迷途，事情就可以得到澄清。这种理论和另一种工作程序形成了一个极端的对比：后者把社会事件看做是人性构成因素与文化条件两方面的交互作用。而有人却把事件解释成为似乎在这种交互作用之中，某一个因素就等于是全部的东西了。在本章里，我将批评这样一个类型的社会学说，它把人的因素尽可能地几乎减低到了零点；因为它完全用环境所提供的条件来说明事情和制订政策。我们准备用马克思主义作一个典型的例子，来说明当交互作用中的某一个因素被孤立开来而被当作至上的东西时所产生的这种绝对主义。它提供了一个典型的事例，一则因为目前它很时髦，再则它宣称它提出了关于社会变化的唯一严格的科学理论，从而也提出了影响将来变化的一种方法。

既然这种理论涉及实际的和党派的争论，而争论是激动感情的，那么，说这个理论在这里是被当作一个所谓“客观的”或“现实的”绝对主义的事例以及是为着希望对于当前的实际问题获得一些线索而加以讨论，几乎可以说是没有用处的。因为它的拥护者由于这个理论本身的性质，在态度上简直是如此绝对，以致认为凡是关于他们的理论的批评都是由于（有意识的或无意识的）阶级偏见——这种态度现在归结为把任何反对者一律都称为亲法西斯主义的。我相信没有这种先入之见的人们会了解，这类批评并不否认经济因素在社会中的作用，也不否认当前经济制度有产生与民主自由相反结果的倾向。毋宁说，这些事情都是他们所承认的。批评的目的在于指出：把这个不可否认的因素孤立开来，当作是**一切**社会变化的**唯一**原因，将会产生什么结果。人们可以主张：要有真正而确切的民主，就必须大大改变当前对商品与服务的生产与分配的控制情况，但他们仍然可以接受对马克思主义所提出的批评——的确，提出或接受这种批评，就正是**因为**他相信经济上必需要有这样一个改变。

马克思主义，把一个因素（实际上这个因素只有和另一个因素互相影响才能发生作用）孤立起来是采取这样一种形式的：它主张在一定时期内，经济生产力的状态最后决定着一切形式的社会活动和社会关系：政治的、法律的、科学的、艺术的、宗教的、道德的。在它原先的公式中，本来还有一个重要的附加条件，在后来的陈述中，这个附加条件就有意不提了。

因为它还承认政治关系、科学等一经产生，就作为后来的事件的原因而起着作用，这种作用能够在一定程度上改变原来产生它们的那些力量的作用。

后来忽视这个附加的条件把它贬谪成为一个脚注，这并非完全偶然的。因为有许多实际的理由不去注意到它。如果承认了这个附加条件，只凭对现存情况的观察（而不是抽象的理论）就能够告诉我们一些次要的结果在一定时期产生了一些什么后果，这里这些次要的结果现在就已经获得了作为原因的地位。解决的唯一方法就是去探讨，而且通过具体的探讨来决定什么结果，例如说，是由于科学，而什么结果是由于所谓单纯的经济生产力。采取和实行这种方法就会实际上抛弃经济决定论的那种统包一切的特征。它会使我们站在相对论和多元论的立场来考虑许多交互作用的因素——其中经济因素无疑地是一个很重要的因素。

马克思如果能比他所容许的更广泛地承认这个附加条件，他就会有一个显著的历史地位。然则，即使在承认经济条件决定政治和法律形式的重要性方面，他也并不是第一个人。它们之间的密切联系在亚里士多德的政治哲学中几乎是老生常谈。影响美国共和国创始人的观念的英国作家们又曾以一种不同的形式重述过它。美国共和国的创始人一贯强调一定的财产分配状态和民众政府的安全保持之间的联系。但是马克思确实前无古人地把财产关系追溯到生产力的作用。他还区别了可能的生产力状况和一定时期内实际存在的生产状况，并指出后者经常是落后的。他十分详细地指出：落后的原因是生产力为过去生产状况所留下来的法律的和政治的条件所束缚。马克思从后一观点出发对当前事态的批判是深刻而有永久价值的。

然而在极端的马克思主义者看来，马克思主义式的简单化的巨大优点却在于这个事实：它把早期社会革命家的浪漫的理想主义和企图成为彻底“客观”的科学分析，用一个无所不包的单一“规律”表述出来的东西结合在一起；这个规律还展示出了一个为被压迫的经济阶级求得最后解放的正确方法。因为这个理论不仅提出一个观点，以供历史学和社会学研究之用，还宣称是在陈述一个唯一的规律，而经济关系就是按照这个规律决定着社会变化进程的。这个规律就是关于为经济所决定的阶级存在的规律，这些阶级之间彼此进行经常的战斗，其结果则社会变化朝着使生产者从过去束缚他们的枷锁中解放出来的方向发展。结果最后将建立一个没有阶级的社会。

接受某种经济决定论的观念是十分可能的。但是接受这个观念并不就使人成为一个马克思主义者，因为马克思主义的本质就是阶级斗争的观点：阶级斗争是经济力量发生作用的途径；经济力量是通过这个途径来影响社会变化和社会进步的。这个“规律”并非，也并未曾打算，从历史事实的研究中推演出来。它是从黑格尔的辩证的形而上学中推演出来的。其推演的方法，据马克思说，就是把黑格尔倒立起来。黑格尔的体系是辩证唯心主义的体系，在这个体系中，逻辑的范畴，通过宇宙的任何部分的和不完全的理性结构的公式中所固有的内在运动，产生它的反面，而这两个对立面的结合就能较高一级地和更适当地掌握住事物的本性，直到最后一切可能的观点以及其一切所谓矛盾都成为一个包罗一切的体系中“有机的”组成部分。

马克思把辩证唯心主义转变成为辩证唯物主义——在那里，作为达到最后统一和和谐之手段的矛盾的辩证法被保留下来了，而其中的推动的力量却是经济阶级，而不是观念。所以它的“唯物主义”不同于单纯根据物理科学结论的“庸俗唯物主义”，正像这个最后的社会主义，或这个没有阶级的社会的最后综合，不同于早期共产主义者们的“空想”社会主义一样：他们是空想的，因为他们把力量和动力归之于人类对价值的偏爱，因而把推动的力量归之于道德的因素。在马克思看来，经济的运动必然自决地趋向于它的极终的目标，正像在黑格尔体系中的逻辑范畴的运动那样。因此，马克思不仅抛弃了黑格尔体系的唯心主义的理性论，粗暴地谴责它，而且也以科学的名义否认人类的价值具有推动的力量。

马克思主义没有成为浪漫主义的绝对主义的一种类型，而发展成为另一种类型，它跟科学和科学规律所获得的声势是比较协调一致的。陈述一些规律来说明一切的社会现象，这是一种惊人的学术成就；尤其令人惊异的，是提出一个规律，它的作用具有绝对的必然性，掌握这一个规律就使得人们观察到存在于资产阶级的资本主义中的“矛盾”，同时它确切地指出了这些矛盾经过它们本身的辩证运动把社会导向什么目标。历史的规律变成了指导革命行动的规律——一切为了清晰地预见到一个目标以及为了它而集中情绪和精力所可能做到的事情都已经做到了。

倡导社会现象中因果必然的观念和发展或“进化”的观念乃是一世纪以前的一种学术风气，后者还是先于达尔文的生物发展概念而存在的。康德曾经教导说：因果必然性的观念乃是自然科学的必要条件；至少德国的科学家是毫无疑问地接受这个观念的，尤其是因为康德也在科学领域和自由占统治地位的道德领域之间作出了显著的划分。休谟对于必然性这个观念的批评是不受欢迎的，即使由于它和怀疑论的联系而出名的时候也是如此。无论如何，康德似乎已经对休谟作了适当的答复了。

几乎每一方面都企图创立一个关于社会现象的科学，要从事于这项工作就不可避免地要运用必然规律这个观念。孔德（August Comte）引进了“社会学”这个字眼作为一个全面综合的名称，他在发展的三个必然阶段的这个规律中找到了它的根据。较后一个时期，斯宾塞就毫无困难地找到一个单一的公式来包括一切的现象：宇宙的、生物的、心理的、社会的。早期想把人类事务进行科学排列的企图总是在这一种或另一种形式下利用必然“进化”的诸阶段这个原理的。

上一世纪的四十年代也是一个有希望的激进的政治运动的时代，所有这一切运动都有一种显著的经济倾向，而其中有些公开地是社会主义的和共产主义的倾向，特别是在当时的法兰西。在德国曾经有过一个时期，黑格尔哲学占统治地位，一切重要的差别都只是黑格尔学派中各翼之间的差别而已。把所有这一切条件集合在一起，就无怪乎马克思在黑格尔的辩证法中看到了一个原理，当从经济方面解释它时，它就成为一个关于社会变化的科学的可靠基础了，同时它也成为革命运动指导实际活动的最高指导思想了。

如上所述，重要的社会运动发展了某一种哲学来指导（至少在名义上）它们的实际活动，并在事后来为它们辩护。德意志文化在这方面曾是特别地热心和丰富多产的，而一切想以其他的根据来处理实际情况的企图则被认为仅仅是一些“经验主义者”，这是一个表示贬斥的名称，大约等于把他们叫做江湖医生。在马克思主义看来，除了这一个具有唯一物质基础的规律以外，凡是接受任何其他规律的人们都是乌托邦的梦想者。于是这个辩证法的公式是从现代哲学家中最形而上学的，即最不科学的哲学家中所借用而来的这个事实并不妨碍马克思主义式的拼凑的流行，因为它的实用性似乎不仅被现实的经济情况和马克思的预言所证实，而且特别被正在发生着的阶级冲突的增加所证实。

阶级斗争的观念具有一种特别适时的性质，由于它主张当时存在的阶级斗争乃是在资产阶级的资本家和无产者之间的斗争，后者是工厂的工资工人阶级，既无土地，又无任何形式的储备资本。马克思对于英国工厂体系的具体事实的研究支持着他的一般理论，它具有相当数量的经济概括，而对于这些概括，任何理论都能证明它们是正确的：例如具有日益严重的危机的经济周期的存在，趋向于联合和集中的倾向等等。否定之否定的原理的这种简单化的浪漫主义曾主张：阶级斗争通过一个暂时无产阶级的专政的中介，最后就会导致一个无阶级的社会。在这个社会里作为政治压制力量的国家就会消亡，一切政治的机关都变成了维护共同利益的民主管理的工具。即使反对一切压制力量的无政府主义者也能在这个极终结果的预期中得到满足。

马克思主义者自然猛烈反对把他们的信条和过去的神学体系等同起来的任何意见。但是一切绝对主义都倾向于采取一种神学的形式并激起那种过去伴随着进行十字军战争的宗教而来的热烈情绪。在我们时代以前世纪中，神学上的关心和冲突还涉及到我们想象中所不能回忆的当时的利害关系。那就是说，它们在事实上较之在回顾中所呈现出来的更为“实际”一些。同样，这个唯我独尊的而本身又是玄想的马克思主义和现存的经济情况以及它们所产生的新的压迫形式相联系着，带有直接实用的色彩。把理论和实际结合起来，实际的事情使得抽象理论有声有色，而理论又成为激起行动的源泉，为之提供一些标语和口号。漏洞和不一致之处总是能够用注解来弥补的；而每一绝对主义的信条都证明了注解的才干是没有限制的。照例，实际所发生的事情能和教条调协一致，而教条又会暗暗地使自己适合于事实。

无需乎深入马克思主义哲学全部的理论方面。这里要谈到的是据说它支持关于社会发展的一种严格的科学形式，这种形式是不可避免的，因为它是科学的。用关于文学作品的说法来讲，马克思主义在它宣称是科学的问题上已经“过时了”，因为正如必然性和追求一个包罗一切的单一规律是上一世纪四十年代学术空气中典型的东西一样，几率和多无论则是当前科学状况的特征。因果必然性这个观念的旧解释业已遭到了巨大的打击，这一点对于那些熟悉晚近发展的人们来说，是无需赘述的。然而也不必走向极端，完全废弃这个观念以证明对目前主题具有重要意义的论点。

在任何研究的一系列的事件中都会找到因果的顺序，这是一个观念；一切事件的系列都被唯一的因果律联系成为一个单一的整体，这是另一个观念，而这两个观念之间有着天渊之别。即使承认前一个原则是科学研究的一个必要的设定，后一个概念则是形而上学的和在科学范围之外的。当自然科学开始在争取自己的独立时，以及后来当试图把社会现象从任意的自由意志的领域中取出时，那些想引起新的斗争的人们便从占统治地位的神学借用神学已经使之流行的一个观念，即一个单一的、包罗一切的因果力的这个观念。这种力量的性质以及它发生作用的方式在新的科学解释中已经发生了激烈的变化。但是习惯的要求却由于维持旧的思想形式而得到满足——正好像第一辆"无马马车"仍然还保留着为它们所代替了的马车的形状一样。首先废弃了超自然的力量，然后又废弃了（在自然神论的理性主义时代用来代替"神"的）自然，因而这里留下了一个空缺，而现在这个空缺又被填补上了。科学工作以及它所达到特殊的结论慢慢地才搞清楚：科学并不在和神学竞争着寻求一个单一的最后解释，因而就无需乎再从事这种辩护了。

废弃这一点不是说不设法作广泛的概括。不过，这些概括的性质和功能已经改变了。它们现在在效果上和在功能上已经成为一种公式，它们实现着从一个领域向另一个领域的转化，而仍旧保持着这些领域在性质上的差别。例如，能量守恒的理论就是一个非常广泛的概念。用现在已经废弃了的科学的哲学的措辞来说，那就会说成它是揭示一种力量，它同时是电力的、机械的、热量的，而又不是其中的任何一种，它是一种不可描述的在它们背后的“物自身”。在实际的科学程序中，它只是假定在一定条件之下，把这些能力从任何一种形式转化为另外一种形式的一个公式。

同一原理也适用于近来所发现的化学元素的互相转化。它并没有抹煞使各个现象彼此区别开来的性质的差别，而只是提出了一些条件，在这些条件之下，使某一个种类转化而成为另一个种类。以科学为根据的实际操作中的差别和理论中所发生的变化是相适应的——如现代化学工业的技术不同于炼金术者的梦想一样。今天没有人会想从一个假定的关于某一种单一最后的力量作用的普遍规律出发来从事于一定的发明，如重于空气的飞船、内燃机等等。发明者在把一个观念转变成为一个有用的技术设计时，总是从检验专门的资料出发并尝试一些专门方法来把它们联结起来。

从马克思主义关于一个单一的原动力的这个包罗一切的单一规律所演化出来的这些实际技术是模仿科学研究中和科学技术中那些已经废弃了的模式的。按照它的说法，必须尽量利用可能的机会从各种方式来引起阶级斗争。因为按照辩证法来说，这个理论的实质，并不在于仅仅承认阶级冲突是事实，在这一方面它曾对十九世纪早期的普遍和谐和普遍互相依存的概念作了必要的纠正。它突出的特点就是：社会进步是由于加强资本主义的雇主阶级和无产的雇工阶级之间的冲突所促成的，因此，最高的道德原则就是加强无产阶级的力量。

物理上的类比大致是这样的：事先假设曾经有过这样一个理论：“自然是憎恶磨擦的”。然后发现没有一种机械的工作是没有阻力的；而没有阻力是没有磨擦的。然后便得出了如下的结论：要靠废除润滑，加强磨擦，于是才有一种普遍的磨擦状态，由于它本身内在的辩证法，使得各种能力彼此适应，因而能为进行有益工作提供最可能的条件。社会是以利害关系的冲突和磨擦为特征的；利害关系可以通过某种夸大和更大的集中来界说阶级。也可以承认：利害冲突在一定情况之下曾经对社会进步具有刺激作用；甚至可以承认一个没有利害冲突的社会会陷入一种无望的僵死状态。但是通过最大可能的加强冲突来求得普遍和谐的这个观念则仍然类似上述的那个物理学上的事例。非马克思主义者时常把严重的经济利害的斗争是存在着的这一命题，和它是促使社会朝着所想望的一个无阶级的社会的方向变化的唯一途径这个真正的马克思主义的主题视为同一回事情。

所提出的批评并非指向任何马克思根据对实际情况的观察所作的概括。相反，这个批评意味着有必要继续观察实际的情况，根据现在所观察到的东西来考验和修正一切早期的概括。马克思主义的内在的理论弱点是：它假定在特殊时间和地点所作的概括（而且当时也只是把一些所观察到的事实置于一个来自形而上学根源的前提之下），可以无须继续依靠观察，继续修正这个作业假设所作出的概括。在科学的名义下，一个彻头彻尾反科学的程序被陈述出来了；按照这个程序，一个概括一经形成便具有最后的“真理”的性质，可以适用于一切时间和一切地方。

放任的个人主义也曾迷恋于同样的一种包括无遗的概括，只是方向相反罢了。无疑的，按照对立面统一的规律，这个背景在造成一种有利于马克思主义的文化气氛中是起着它的作用的。但是两个相反的错误并不构成真理，尤其这两个错误有同一个根源。撇开一些历史事实不讲，这个马克思主义学说也许可以被视为对古典经济学说的下述这个观点所作的一个概括性的修正：在公开的市场上完全自由的竞争会自动地在人们和国家间产生普遍的和谐，马克思不过把个人间的竞争变为阶级之间的斗争罢了。

上边选择了马克思主义作为例子来说明关于社会因果关系的一元论这个把宇宙当作一个整块的理论。几年以前用放任主义的观点做例子就会是合适的，这个观点是从斯密士的观念和功利主义的道德和心理学结合在一起的那种观念中发展出来的。现在把马克思主义提到前景上来，主要地是由于俄国革命的缘故。在马克思的名义指导之下俄国革命被认为是大规模地证明了马克思学说的有效性。苏联曾把注意力集中在这个学说上，认为没有任何观念在获得人们的注视上是胜过它的。它曾使得马克思主义在某些地方成为可怕的祸害，而在另一些地方又赋与了它以巨大的威信。当俄国革命在其他的一些国家里被提出来作为马克思主义阶级斗争和无产阶级专政的学说的证明时，它使得一些老的社会主义政党瓦解。在俄国发生的事件所引起的争论在全世界的每一个国家里都使得马克思主义具有现实性。

这类事件的发生必定引起强烈的情感和在解释上相应的冲突。在当前这个事例中，不仅在理论上有分歧，而且对于这种情况的事实也有出入。人们能够根据他们认为有权威的来源找到资料（真实的或确信的）来支持几乎任何关于苏联实际情境的看法。事实（包括统计在内）被引用来指出，在这个国家的工业化和农业事业的机械化中已经获得了突出的进展，在生产方面有了巨大的收获，而且尤为重要的，正在创建一个真正工人的共和国，而且随着而来的，是广大人民群众的物质和文化的生活标准也有了突出的提高。但是人们也可以找到证据来支持这样一种看法：即无产阶级专政首先变成一个政党对于无产阶级的专政，然后又变成一小群官僚对于这个政党的专政，直到后者为着要维持权力，而采取已被推翻的沙皇专制政权所用过的一切压制的措施，并且在执行中又大大改进了技术技巧。人们能够找到证据证明，在一个从政治上而不是从社会上进行控制的政权里，以收入很大的不平等为标志的经济上的一些阶级正在成长。这些事实问题不是辩论所能解决的。所以，虽然在我心里对于手头所掌握的证据所指出的结论是没有怀疑的，但我将不在这里对于所涉及的事实上的争执企图采取什么立场。

就目前的题目和问题而论，只要有一定数量无可否认的事实就够了。一个一元论的理论在实际的执行中就伴随着由一个政党控制着出版、学校、广播、剧院和每一种交通工具，乃至对于私人集会和私人谈话也加以有效的限制。如上所述，关于事实情况的意见之所以有着很大差别，其原因之一，就是由于这一事实：即有效的专政（而一个无效的专政就绝不是专政）完全控制着出版、旅行、通讯和个人的交往。结果，只有少数人掌握着有关政治方面的消息来源，而正是这一群少数人对自由的研究与报导尽其最大力量加以阻止。

这样压制信仰、言论、出版和集会的自由是无可争论的事实，因为这是专政的实质，而它又是“革命”所执行的主张的实质。而对一切反对者的残酷迫害和惩罚也是无可争论的事实之一。由于一连串的审讯，每一个最初发动“革命”的男女，除了少数比较次要的角色以外，都被剥夺了生命（或政治活动）。这种行动是否公平合理乃是争辩的事情之一，但是对于每一个早年重要的领袖的放逐、监禁或处决这个事实却是无可争辩的。作为判断在阶级斗争的革命方法背面的理论的标准，我们或者断定这些人是对于他们自己解放人类的事业的叛徒，或者是作了一个小集团为了要独霸权力的牺牲者，这是没有什么很大的差别的——正像我们对于这些人的特性所作的判断中所包含的差别不太大一样。

无可争论的事实证实了从其他历史事例中得到这样一个结论：绝对的原则和异议是不兼容的；对于“真理”的异议就不仅仅是一个学术上的错误，而是一种罪恶和危险意志的证明。当占统治地位的教条是神学方面的，这种罪恶是用一套措辞来描述的；当它是政治方面的，措辞就不一样，“反革命”代替了“异端”。

心理上和道德上所激起的倾向和表达这些倾向的活动是非常相似的。而且当一般的理论应用到特殊事情上去的时候，它并不进行自我解释。因此，必须有一群人出来说明它对于这一情境和那一情境的关系的重要性，然而一群人仅仅从事于解释，他们是没有什么力量的，除非他们具有执行决定的权力。赋与任何一群人以权力，而他们对于执行这种权力又不担负责任，这是极端危险的，这是民主国家里众所周知之事。愈是宣称据以执行这种权力的原则是绝对的,就愈会武断而不负责任，这两者是成正比例的。为了坚持这个原则，反对异端或反对反革命的行为，最后就必需承认这些被认为代表这个原则的官员们就是这个终极目的的体现者。帝王曾经一度赋有神权。俄国早期虽曾由于强调集体行动的特别重要性而反对个人崇拜，但后来又让位于对领袖的一种拜占庭式的谄媚。

国家作为政治上的强制权力，并没有消逝，这是另一无可争论的事实。相反地，国家的行动大大地增强和扩大了；党内的派别、工联和早先苏维埃的独立活动现在都被判定为即使不是反革命的，至少也是与维护无产阶级专政是不相容的。任何一个有权的阶级都不会自动放弃权力，除非更占优势的力量逼迫它这样做。这是马克思主义原来学说的一部分。如果把这个主张的这一特殊方面应用于今天掌权的人们身上，这就是伴随着辩证法的学说而来的“矛盾”之一。也许值得追问：公开的马克思主义者经常分裂为许多宗派，彼此之间的斗争和他们与他们敌人之间的斗争同样地尖锐，这是否和阶级斗争的学说也有同样的关联。

虽然这个理论原本认为个人的憎恨是在非个人的经济力量势力范围以外的东西，但同时使人怀疑的是在神学家之间彼此憎恨的历史中是否还有什么事例在强度上超过了像正统马克思主义教条的坚定信徒们对待反对者所表现出来的那种恶毒的憎恨，这种怨恶，在对于那些在某些地方赞同他们的人们方面，较之在对于公开承认是资本主义的代表人物方面还更厉害些。因为前者是异端者，而后者不过相信自己本来的信仰而已。后者和异教徒一样，是无知的，他们不同于异端者。在有专政存在的地方，就使用物质的力量，而在美国便用口头咒骂来代替，比较温和的称呼是法西斯主义分子或法西斯的朋友。

我国，自由主义者对俄国极权主义表示了莫大的同情心，甚至肯定这个国家实质上是民主的国家，我们应该努力跟这个国家共同反对法西斯国家——这是不足奇怪的。在苏联，自从推翻了沙皇制度以后，许多地方都确有进步。这些是看得见的而且也是被广泛宣传着的，但同时关于政治事务方面的管理却是一本密封的书。尤其有影响的是这个事实：那些看到我国现有经济体系所具有的阻碍作用的人们为另一国家在推翻这个体系方面所作过的事情所感动。而且我们又并不习惯于十分严肃地对待社会哲学和政治哲学。我们是经验主义地和“实用主义地”把它们当作有用的口号。我们并不懂得，大陆欧洲的人们，尤其那些在德意志思想影响下受过教育的人们，对于在“经验主义”指导之下的行动，较之我们对于抽象的理论，尤为蔑视。再者，当显然不幸的事情发生时，人们容易把它们解释成为早期专制制度中所形成的倾向残余的结果，或者说成是仍然带有准亚洲式的一种心理状态的表现——然而事实上正是这种态度使得马克思主义类型的这种唯一无二的理论有着流行起来的可能。

以上所述，并不贬低经济因素对于文化中的其他组成部分的影响（而且目前也确实不贬低它对政治因素的影响），不过为了追求自由以实现经济变化时，民主的方法虽还缺乏实际内容，但确是不可缺少的东西。我同许多其他人们一样，时常指出当前工业和财政制度对于实现民主的目的和方法产生着有害的结果。我仍未放弃这个意见。但是极权国家的情况证明以下这个事实：现有的形式仍然鼓励着讨论、批评和自愿结合的自由，因而在一个享有选举权和群众代表的国家和一个（左的或右的）专政国家之间划分了一道鸿沟——后两者的区别则由于它们彼此借用对方的技术而不断地缩小了。至于这个事实，批评者们，也包括我自己在内，是未曾觉察到的。

马克思主义的理论主张：所谓民主国家的政府只是资本家一个阶级的工具，用立法、法庭、军队和警察来执行它的意志和维护它的阶级统治。但是，不断对政府行动进行批评；不止一个政党在陈述各种相反的政策；经常的选举；服从于多数决定的讨论和公共教育；尤其这一事实：政治行动只是许多文化因素相互作用中的一个因素等等，这些情况具有一种为对局部民主的批评者所不曾懂得的价值。如果把我们在政治上的民主同极权的政治控制作一对比，我们在政治上的民主是形式多于实质。当我们接受这样一种批评时，这就更加强了我们上述的论点。我们中有些人曾受过这样的教养，他们把无限多元的社会倾向的活动视为理所当然之事，而在这些社会倾向中有很多东西是既非政治的，又非经济的。在这些人们看来，政治服从于经济所具有的意义却是那些没有民主传统的国家中所不可能具有的。即使英国人民也难以理解政治在我国为什么和怎样会不像在英国那样吸引人们的兴趣。如果在我们这里所产生的结果时常是团结的松弛和行动方向的游移不定，在社会事务中，我们却产生了判断上一定的平衡和某种均衡状态。在产生任何的社会结果中，总有许多不同的因素起着作用，对于这一点，我们是视为理所当然之事。至于坚持这一和那一特殊的措施和目标，这是随着时代的变化而不同的。但是至少有足够的民主，任何一种倾向在和另一倾向交相作用时才会获得一种平衡状态。一种平衡状态所呈现出来的性质是会招致轻易的批评的。但是跟一元论的观念付诸实行时所产生的幻想比较起来，各种倾向之间的平衡状态，一种倾向于中间的运动，却是一个了不起的成就。然而，培养起来的想象习惯在像俄国这样一个趋向于唯我独尊的结构的国家里会使得人们比较容易把情况理想化。普通的人也许是普通的，但是正由于那个理由，他就要结算一下损益盈亏，而结算出来的盈亏，对于民主，较之任何法律，即使是书面列入宪法之中的，都有较大的保障。

这样说的意思并不是要对经验多元论和实用主义的方法作盲目的歌颂。相反，应该吸取的教训是去认识在实验性的活动中运用多种观念作为作业假设的重要性。无思想的经验主义只能为人们在可见景象的背后秘密玩弄手段提供机会。当我们说我们是遵循常识的政策（从高尚的意义所理解的常识）时，事实上我们也许会被自称为民主而行动上破坏自由的人们牵着鼻子走，除非我们能在一般观念指导之下观察实际情况。这是一个带概括性的警告；说得具体一些，我们应该留心提防那些侃侃而谈“美国生活方式”的人们，他们把美国主义当作是为了某些隐蔽的经济目的所采取的党派政策。

科学的实验法是经验已经达到了成熟时的经验法的范例。它既反对“庸俗的”经验主义，这种经验主义只承认依靠经验的行动，而这种行动又是依靠着一连串尝试与错误的动作，不受表达出来和经过检证的观念的联系所调节的；也同样反对绝对主义，这种绝对主义坚持只有一个“真理”，而这个真理已被某一集团或政党所揭示和占有。可以引用斯特拉戚（John Strachey）先生（一位英国人而不是俄国人）的话，来说明当前“共产主义者”的思想是权威主义的和一元论的——即受一个统一的理想统治着的。他说：即使俄国以外，例如说在我国，共产主义者的政党“不允许有对立的意见存在……这只是在肯定说社会主义是科学的。”难得，大概也不可能找到比这一句话更直截了当排斥了一切使观念和理论成为科学与民主的性质。这就说明了为什么我国有些文人会堕入马克思主义理论的陷阱之中。主要的这是因为他们很少有科学的态度，最容易生吞活剥地接受这样一个见解，“科学”是一种新的绝无错误的东西。

重复一遍在别处所曾说过的一句话。像马克思主义之类的概括，宣称它陈述了关于事物变化（无论自然的或社会的变化）的最后真理，这种概括并不能道出根据实际发生的事实所得出的一般观念所具有的重要意义。为了每天行动，理论唯一的价值在于它所给予具体事情的重要意义，而这些事情是借助这个理论来观察的，是在它们彼此的具体关系中来观察的。观念统一的最后结果就势必把一群特选的人物置于理论的概括之上，这不是一件偶然的事情。决定理论在某一重要事情上有什么意义——即决定应该怎样做——的那些人们乃是超越于理论之上的，即使他们宣称是按照这个理论办事的。要求统一意见，“不允许有对立的意见”，这首先要有一个政党，然后在政党内部又要有一个选举出来的委员会来决定到底说明实际发生的事情的唯一“真理”是什么——加上一套真正神学式的注解技术来说明一连串矛盾政策中所存在的充分一致性。因此，早期曾贬责民主主义，说它是中间阶级的资本主义，而称呼一切其他社会主义为“社会法西斯主义分子”。现在已经改变了。今天是采取“人民战线”政策，把布尔什维克主义称为二十世纪的民主主义了。还有，从前谴责纳粹德国，其后却又开始同它结成事实上的联盟；过去，宣扬正统的主张，说只有共产主义通过一连串国际和国内战争才能建立和平，现在又对世界和平发生了非常值得嘉许的兴趣。科学的方法，运用作业假设而不用固定的最后的真理，是用不着有一个“核心委员会”来决定这个唯一的“真理”是什么，也无需要发现一整套胜过古代神学的注释来解释一些明显的矛盾。科学的方法对于“对立意见”的冲突抱着一种欢迎的态度，只要它们能够提出观察的事实来支持它们。

既然已经用马克思主义作为统一性的理论的例子，说它是把它自己建立在环境的客观因素之上，把它们同人性因素的交互影响分隔开，那么在结束之前，还要谈一谈它怎样忽视了人性的问题。有人曾说：马克思主义的实质，至少作为一个实际的主张，乃是诉诸利己的动机的，然而这个说法却和它是忽视人性的说法相矛盾的。这句话是非马克思主义者作为一种谴责语来用的，但同时它又有时出现于公认为马克思主义者的文献之中。但是实际上它是接近于把真正的马克思主义（它主张生产力的状态是唯一的推动力）颠倒过来了。因为按照这个见解，一切人性因素都是被“物质的”，即经济的力量从外部形成的。给与人性的任何组成部分以独立的有效性，从马克思主义立场看来，便陷入了马克思主义所要摧毁的唯心主义类型的理论之中。

一个比较公平得多的批评会说，马克思主义系统地忽视了人性方面的一切东西，没有把它当作是一个具有效能的因素，它只是事先受生产力的状态所决定的罢了。当马克思主义宣称要去代替“空想的”社会主义的时候，它既抛弃了道德方面的东西，也放弃了心理方面的东西。至于这个理论是否事实上做到了这一点（但不做到这一点，它的“唯物主义”就是毫无意义的），这是另外一个问题。因为要推动“生产力”，至少似乎需要有一定机体的需要和欲望。但是如果承认这个生物—心理的因素，那么它就必然要跟“外在的”因素相互作用，而且在任何一个特殊之点上，都不能够说它的作用已经停止了。

这里所谈的问题既有理论上的意义，也有实际上的意义。例如，关于阶级和阶级意识的问题，后者是马克思主义理论中的一个绝对必要的条件。按照正统马克思主义的说法，无产阶级的阶级意识是从这个事实所产生的：即为大规模的工厂生产所代表的经济力量的状况把工人紧密地结合在一起，而跟雇主少有或没有直接的交往——如运用手工工具的作坊中那样。因此，物质条件划分了经济的阶级并突出了雇主和雇工之间的利害冲突，并由于利害与共，即使只在苦难的日子里，也把后者结合在一起了。作为一种观察，这种主张中确有不可否认的真理的因素——特别是跟一些可贵的政论所努力鼓吹的内容互相对比一下，因为后者认为既然“资本”和“劳动”是相互依赖的，它们之间便没有任何冲突。但是观察中涉及的事实跟那个极终理论却是不相容的。一个阶级，特别是阶级意识的形成依赖于心理因素的作用，而这一点未曾论及——而且是为这个理论所排斥的。

事实上，马克思以及他以后的每一马克思主义者都无意识地假定了人性构成的因素的存在和活动，而这些因素又必定在产生实际所发生的事情中是和“外在的”经济的或“物质的”条件互相作用的。直接明确承认这些因素会使这个理论有一种不同的实际见解。这会使得对马克思所强调的事情有不同的看法。事实似乎是这样的：马克思本人无意识地采取了他那个时代所流行的心理学，也是把放任的自由主义的乐观论的心理学头脚倒置过来了。明显地承认这些心理的因素就意味着把价值和价值判断引入关于社会运动的学说中——如后来所揭示出来的。

任何关于社会行为和社会因果关系的独一无二的学说就势必对所发生的问题有一种现成的答案。这种答案的统包一切的性质便妨碍着对实际问题中所涉及的事实进行批判的检验和鉴别。结果，它指导着一种“全或无”（all or none）的实际活动，终于招致了新的困难。我提出两件在苏联历史上具有巨大意义的事件来作为说明的事例。按照这个学说，农民阶级的成员，由于他们占有土地，虽是“小资产阶级”，却属于资产阶级。只有聚集在城市里的工厂工人才属于无产阶级。根据理论，那么在城市工人和大多数农村人民之间便存在着阶级斗争。为了共同的社会行动要把这两群人联合起来，其中确实包含有一个真正的心理的和政治的问题。但是这个理论的前提所具有的统包一切的性质或一元性却不把这个问题当作一个问题来加以探索。他们把问题提前解决了：认为阶级冲突是属于这样一种性质的，即革命运动的成功势必要使城市工人统治农村人口。任何了解俄国历史的人都知道，由于接受了这个绝对的原则曾把一个已经有困难的问题变本加厉地恶化了——虽然列宁在运用它时有着高度灵活性。

另一个例子就是当生产力状态已经具有了国际性的时候，在一国之内是否有可能建成社会主义的问题。在这里，还有采取政策以调节国内与国际关系的困难问题。这个“全或无”的理论在俄国曾导致一种完全的政治上的分裂，在原来共产党内部形成了两个完全敌对的宗派。事先就排斥了彼此之间的协商、调和，并根据实际情况的研究来制订政策等等。即使为了努力要在一国之内建成社会主义而废弃原来正统的马克思主义——关于这一政策，根据实际的理由我们有许多话可说——也不能不证明这个政策是那个具有“科学性”的，因而不允许有对立意见的“全或无”的理论所核准的唯一政策。证明这一点最有效的办法就是把一切采取反对观点的人们当作叛徒和反革命分子砍头。

这个理论曾经用最多的表白和最大的伪装来表示它具有科学的基础,但它却非常系统地破坏了科学方法的每一个原则,这是带有讽刺性的。从这个矛盾中我们可以学习到的东西乃是在科学和民主方法之间的内在联系，以及在立法和行政技术方面体现这个内在联系的需要。科学的本性不仅容许而且是欢迎不同的意见，同时它坚持研究，提出观察事实的证据来求得结论的一致——而且即使在这时候仍然认为这个结论应服从于进一步的新研究所将确定和公布的东西。我不要求任何现有的民主已经完全地或恰当地使用了科学方法来决定它的政策。但是研究的自由、不同的观点的容忍、交流的自由，把发现的东西分配到每一个人手里，把他当作智识的最后消费者，这些都是既包含在民主方法之中，也包含在科学方法之中的。当民主党公开承认问题的存在，有必要把它们当作问题来加以探讨并以此为光荣时，它就会使得那些以不允许对立意见存在为自己的骄傲的政治集团黯然失色，而这早已是类似的科学团体的命运了。

第五章　民主与人性

人民，作为一个整体，是有政治权利的。我们肯定这一点，是为了反对所谓上帝或“自然”把统治权授予某一阶级的说法。与此同时，对人性也就产生了兴趣，这并不是偶然的。要想表述政治上民主的确认与对人性的新的认识之间的联系的广度和深度，我们就不能不深入到一个反面的历史背景之中去；在这个历史背景中，社会安排和政治形式都被视为“自然”的表现——而绝不是与人性有关的。在理论方面，这就包括着从亚里士多德和斯多葛时代到十六和十七世纪现代法学的评述者们关于自然法则这个观念的一段悠久的历史。

关于这个发展历史和十八世纪从自然法则转变到自然权利的故事是人类学术史与道德史上最重要的章节之一。但是深入钻研进去，会使我们离开当前的主题太远。于是我只得重点地重述这一句话：把人性当作恰当的政治协商的根源在欧洲历史上是比较晚近的事；当这种看法一经产生，它就标志着一种和过去关于政治统治、公民权和从属的根据的学说有着近乎革命的分歧——乃至在古代共和政府和现代民主政府之间的根本差别的根源也都在于用人性代替宇宙本性来作为政治的基础。最后，民主理论的变化以及进一步变化的需要也都是由于关于人性的构成及其组成因素与社会现象之间的关系的理论还不恰当。

以后所要研讨的课题是一个三幕剧，最后一幕还未完成，它正在表演之中，而我们现在活着的人们都是剧中人。尽可能简短地来叙述这个故事，第一幕是：一种片面强调人性的简单化——利用人性来促进和说明新的政治运动。第二幕乃是对于与人性有关的理论和实际的一种反动——所根据的理由是：它是道德上和社会上无政府状态的先驱，是人们赖以有机地联合起来的团结遭到瓦解的原因。现在正在演出的第三幕是：恢复人性与民主的联系在道德上的重要性，现在是用现有情况的具体事项来陈述的并且避免了早年陈述的那种片面的夸张性。我首先作这一概述是因为在后面我将不得不对于一些专门理论性的问题作比较详细的叙述。

我开始时说过，有一个学派的理论，把产生社会现象的交互作用中的“外在的”因素孤立开来，而与此并行的是另一个学派的理论，它把“内在的”或人的因素孤立开来。的确，如果我要遵循历史的顺序，后面的理论就应该首先讨论。而且这个学派的理论比我们所可能设想的更为广泛地和更为有影响地为人们所坚持着。因为它现在流行派的合适的代表者并不是那些职业的心理学家和社会学家们，宣称一切社会现象都要用个人的心理活动去加以理解，因为社会在最后的分析中仅仅包含着许多的个人。而这个观点的实际有效的叙述则见于经济理论之中，在这里，它为自由经济提供了纲领；而且这个观点也见于英国政治的自由主义之中，它是结合这个经济学说发展着的。

目前还没有一种用心理学的名义出现在我们面前的，关于人类动机与社会事务之关系的特殊见解，用来解释它们并作为一切正确的社会政策的基础。但是作为一个人性论，它实质上是属于心理学方面的。我们也发现一种见解，认为在民主和资本主义之间有一种内在的和必然的联系，这也有心理学的基础和气味。因为把这两者说成是一对不能分开的孪生子，以致攻击其一就使另一的生命受到威胁，这只是因为相信某一种人性论的缘故。

关于这个用心理现象来解释社会现象的观点的古典的表述见于约翰·斯图亚特·穆勒的《逻辑》一书中——当这种说法被提出时，它几乎是公理性的。“一切社会现象乃是人性的现象……所以如果人的思想、情感和行动的现象是服从于固定的规律的，社会的现象也只能是服从于规律的。”又说：“关于社会现象的规律乃是而且只能是关于社会状况下联合在一起的人类的行动和情欲的规律。”然后，好像是下结论似的说，“在社会状况下联合在一起”并没有使个人的规律有什么差别，因而也没有使社会的规律有什么差别，他又附加说：“在社会中的人类，除了从个人本性的规律中派生出来的而又可以归结为这种规律的特性以外，并没有其他的特性。”

这个对“个人”的引证，揭示了一种特殊形式的简单化的性质，这种特殊的简单化控制着这个特殊学派的观点与政策。表述和维护为穆勒所概述的这种方法的哲学派别的人们在当时是革命的。他们想要把一群人，即那些与新式的工业、商业和财政有关的人们，从封建主义所遗留下来的、由于习俗和利益而为有权的地主贵族所喜爱的桎梏中解放出来。如果他们现在看起来不是革命的（是用人们的意见影响变化而不是用武力来引起社会的改变），这是因为他们的观点现在已经成为每一个高度工业化国家里的保守者的哲学了。

他们企图从学术上论证那些为今天革命者试图打倒的所谓资本主义的倾向的成就进行辩护的原理。在这里所涉及的心理学并不是目前教科书里的心理学。但是它表达着一种个人主义的观念，这些观念使得当时激进派的经济与政治理论生气勃勃。它的“个人主义”甚至为今天的专门心理学提供了很多的背景——几乎可以说它的全部背景，不过由于生物学和人类学上的考虑，它是从一个新的角度出发的罢了。在它起源之时，即使当它已写入书册之时，它也并不是一种书本上的主张。这些书籍只是把那些在竞选运动中所提议的并作为国会所要通过的法律所提出的观念加以阐述而已。

在进行详尽的陈述之前，我还想回忆一下早些时候我所说过的一句话：在任何一定时期所流行的关于人性构成的观点总是社会运动的一种反映，这些社会运动或者已经制度化了，否则就是正在反对一些社会上不平等的情况，因而需要理智上和道德上的理论来增强他们的力量。如果我们论及柏拉图关于决定人性构成的方法所作的论述，我们似乎离题太远了。他说过，适当的方法是：在试图从个人这个看不清楚的精微版本中去求得关于人性的解释之前，先在社会的阶级组织这个字体粗大、清晰可读的本子中去找它。因此，根据他所熟悉的社会组织，他发现了：在社会中有一个劳动阶级从事于苦工来获得满足欲望的手段，又有一个公民士兵阶级，至死效忠于国家的法律，还有一个立法的阶级。既然如此，于是人类的灵魂就也一定包括着在底层的欲望，从“底层”的两种含义而言——它仅仅为了它本身的满足而从事于获取和吸收，同时它又是超越于个人享受之上的宽阔精神冲动的基层，而最后则是理性这个立法的力量。

在发现了人性构成中这三个东西之后，他再回到社会组织方面来，就没有困难了。他证明有一个在统治和法律维持秩序之下的阶级，因为否则它的行动就会没有限制并会借自由之名来破坏和谐与秩序；还有一个阶级，它的意向是一切服从和忠于法律，虽然它本身不能发现法律所由派生的目的：而在顶点上，在任何有良好秩序的组织中，便是那些以理性为其杰出的自然性质的人们的统治,不过那种职能首先要通过教育来培养。

难得找到一个更好的例子来说明这个事实的了，任何意图发现社会现象之心理的原因和根源的运动，事实上，是一个逆行的运动，在这种运动中，把当前的社会倾向理解为人性的结构，然后再用它来解释它们本身所由推演出来的社会倾向。于是那些反映新工业和商业运动的人们，把柏拉图所谓必然罪恶的欲望当作是社会幸福和进步的基石，这是“自然的”。同类的事情现在也是存在的，用爱权力来代替一世纪前把利己当作统治的“动机”的职能——如果我把动机一词加上一个引号，那也是由于上述的理由。因为所谓动机，在批判的检验之下，与其说是人性中的简单因素，毋宁说是在文化条件下所构成的复杂态度。

即使我们所论及的，实际上，是真正人性中的因素的倾向和冲动，除非我们完全轻信流行的意见，我们发现：它们本身对于社会现象是没有作任何解释的。因为只有当它们跟周围的文化条件交相作用而形成了习得的性向时，它们才产生后果。可以请霍布士来作见证，他是现代第一人把“自然状态”及其法则——即一切政治理论的古典背景——和人性未受教育的原始状态等同起来。按照霍布士的看法，“在人性中，我们发现了产生争执的三个主要原因。第一，竞争；第二，猜疑；第三，荣誉。第一个使人追求利益；第二个使人追求安全；第三个则使人追求名誉。第一个用暴力使他们自己成为别人的主人；第二个是用以保护他们；第三个是为了一些琐事，如直接在他们个人中的或反映在他们的亲戚、朋友、民族中的一个字眼、一个微笑、一个不同的意见或任何其他轻视的标志。”

霍布士所叙述的这些性质实际上是在人性中存在的，而且它们可以产生“争执”，即可以产生国际间的冲突与战争和国内的内战（这是霍布士生前长期存在的事态），对于这一点是没有人否认的。到此为止，霍布士叙述了一种自然心理学，这种自然心理是先于作为文明社会之先在条件的安全状态而存在的。这种叙述较之今日许多企图列举被认为产生社会现象之原因的原始人性特征的尝试，显得较为深刻透辟。霍布士认为人们在彼此关系中的全部自然状态就是一种一切人反对一切人的战争，人在人看起来天然是“当作一个狼”的。因此，霍布士的意图是要颂扬那些审慎制订的关系、权威式的规律和规章，它们不仅管理着外表的行动，而且管理着那些使人们把某些东西视为目的或善的冲动和观念。霍布士自己把这种权威视为一种政治上的统治。但是按照他论述的精神来看，它也可以被视为颂扬文化反对原始人性，而且也有不少作者指出，在他的“利维坦”和纳粹极权国家之间颇有相似之处。

在霍布士所生活的时代和当前的时代之间，特别在国家之间和阶级之间的不安全和冲突的方面，可以勾画出的不只是一种有教益的对比。不过，和这里有关的一点乃是：霍布士所选为使得人生“残忍而险恶”的混乱原因的这些性质正是为别人选为产生善良的社会后果，即产生和谐、繁荣和无限进步的原因的那些“动机”。霍布士对于当作追求利益的竞争所采取的立场在十九世纪英国社会哲学中完全被颠倒过来了。追求利益的竞争已不是战争的一个根源，而被当作是个人寻求最合适的职业的一个手段；是把所需要的商品以最低的代价到达消费者手中的一个手段；是一种产生最后和谐的互相依赖状态的手段——只要不是“人为”的限制，容许竞争。即使今日我们还会读到一些论文和听到一些讲演，它们把我们当前的经济困难的原因当作是由于政治上对私人追求利益的竞争的有益活动所作的干预。

提到人性中这个组成因素的这两个很不相同的概念，其目的并不是要决定或讨论那一个是对的。目的在于指出两者都犯了相同的错误。冲动（或者给它任何一个名称）本身，从社会上讲来，既不是有害的也不是有益的。其意义依赖于实际所产生的后果；而这些后果又依赖于它所借以活动的和互相作用着的条件。这些条件是由传统、风俗、法律、公众所赞许和反对的类型所建立起来的；是由所有构成环境的一切条件所建立起来的。这些条件即使在同一国家在同一时期内也是如此地多元化，以致爱利益（作为人性的一个特点）可以既在社会上是有用的，又在社会上是有害的。而且不管建立合作的冲动的这种倾向是怎样十分有益的,如果只把它们当作是人性的组成因素，对它们来讲，也是如此的。竞争和合作都不能被断定是人性的特点。它们是指个人活动中的某些关系的一些名称，如同实际上在社会中所构成的关系一样。

即使在人性中有这样一些彼此明确划分开来的倾向，以致符合于所给予它们的这些名称，而且即使人性是固定的，如它有时被说成的那样，上述的情况也是真实的。因为即使在那种情况之下，人性是在许多不同的环境条件之下活动着的，而且正是它和后者的交互作用决定着这些倾向的积极的与消极的后果和社会意义与价值。所谓人性结构的固定性丝毫也不能解释各个氏族、家庭、民族之间的差别——那就是说，它本身不解释任何社会的状态。对于遵循哪些政策有益，它没有提出任何意见。它甚至也没有为保守主义辩护来反对激进主义。

但是我们不能承认人性的这种所谓不可变动性。因为虽然人性中某些需要是恒常的,但它们所产生的后果(由于文化——科学、道德、宗教、艺术、工业、法律规章——的现存状态)又反作用于人性的原始构成因素，以致它们构成了新的形式。因而，整个的局面都改变了。单纯只诉之于心理的因素，既要解释所发生的事情，又要制订关于*应该*怎样做的政策，那是徒劳无益的，这一点是谁都明白的——但它却曾用来作为一个简便的窍门使得为某些集团或宗派根据别的理由所提出的政策“合理化”。“竞争”既推动人们去战斗，也促进有益的社会进步，这个事例在这一方面对我们显然是大有助益的。同时，对霍布士的其他因素所作的考虑也支持同一结论。

例如，曾经有过这样一些社会，社会上重视一个人自己、一个人的家庭、一个人自己阶级的荣誉，把它当作是一切有社会价值的东西的主要储存所。重视荣誉总是贵族阶级，文职的或军职的贵族的主要美德。虽然它的价值时常被人夸大了，但否认它在和一定文化条件相互作用中所曾有过的有价值的后果，也是愚蠢的。作为一种动机的“胆怯”或恐惧，若就其后果而论，是一个尤为模糊而无意义的名词。它有各种不同的形式，从懦夫的胆小到小心、谨慎和理智的先见所不可缺少的那种细心。它可以成为诚敬——它有时曾被抽象地夸大过，但它也可以和那种使它成为十分需要的对象联系着。“爱权力”（诉之于权力现在是流行的），也只有当它一般地应用于一切事物从而并不解释任何特殊东西的时候，才是有意义的。

以上的讨论意图阐明两个原则。一个是：在一定时期流行的关于人性的见解常常是派生于当代社会的潮流；一些突出显明的潮流或者一些不很显著和不很有实效的社会运动，但为一个特殊集体认为应该成为主导的东西——例如柏拉图的所谓立法的理性和古典经济学家的所谓竞争性的追求利益。另一个原则是：当我们指论人类原来天性的构成时（即令它们是实际存在的），那也不能解释任何社会上所发生的事情，也没有对应采取什么政策提出任何主张。这并不是说，当我们指论这些人性的构成时，就必然是把不合理的东西隐隐然使之合理化。这只是说，当我们进行这样的指论而具有实际意义的时候，它具有道德上的，而不是心理上的意义。因为无论它是从保持已有的东西方面或从产生变化的方面所提出来的，它总是评价的一种表现和对价值的估价所决定的目的的一种表现。当一个人性特点在这个基础上被提出时，它是处于它的正当的联系之中的，并且是经得起合理的检验的。

然而，流行的习惯则假定社会争端与被偏爱的和被追求的价值无关，毋宁说，社会争端乃是由于某些为人性构成所预先决定的东西。这个假定就是一些严重的社会邪恶的根源。在学术上，它是退回到十七世纪仍旧控制着物理科学的那种解释；这种方法在现在看来是自然科学长期停顿的主要根源。因为这种理论是诉之于一般力量去“解释”所发生的事情的。

只有废弃了一般的力量，使研究工作致力于明确在观察的变化之间事物相互的关系，这时候自然科学才开始不断地前进。例如，通常把电、光或热当作是一种力量，用来说明某一特殊的事件，如用电力来解释随带雷电的风暴，这种情况仍然存在。科学家们自己有时也用类似的字句谈话。但是在他们这种情况之下，这些一般的名词乃是一种缩写的表达方式。它们代表观察到的事实之间的一致关系；它们并不标志着在所发生的事情背后还另有什么产生它的东西。如果我们以闪电和电为例，弗兰克林把前者当作是属于电力之类的东西，于是他把它和它以前所脱离开来的东西又联系起来了，而关于这些东西的知识又可以用来实际对付这些东西。但是电并不是一种解释性的力量；说闪电是一种电的现象的知识只是提出了一系列的问题，其中有些问题还有待于解决。

如果我们用自然科学使用这种方法时那些没有什么好结果的情况来比拟说明当前社会“科学”的情况而说服力还不够强的话，那么我们还可以用这种研究方法实际产生的偏向来予以证明。当实际上只有一些一般空泛的字眼来掩饰着缺乏理解的情况时，便容易存在着一种对理解的幻觉。社会观念仍然被保留在闪烁其词的概括领域之中。意见与知识有所不同，容易发生分歧。既然把原因看成是产生事物的工具或媒介，那么不知道它发生的条件，就不会有一种控制它的方法使某些东西产生，防止不需要的东西产生。当人们知道了某种磨擦生火的方法时，他们至少就控制着一种手段，需要火时，他们就钻木取火。而且无疑地，对于原因性的条件愈熟悉，就愈增加了人们当需要时取火的实际能力，并用它来达到更多的目的。这个原则也可以用来说明社会理论与社会行动的关系。

最后，理论被认为说明了事物的进程，于是再被用来鼓吹和辩护某些实际的政策。马克思主义当然是一个突出的例子。但是它并不是唯一的事例，有一些非马克思主义和反马克思主义的社会理论也时常成为这个原则的例证。功利主义利用快乐与痛苦是人类行动之唯一决定因素这个观念，提出了一个关于立法、司法和刑法程序的全部理论：即它们都是指向于获得最大多数人的最大幸福。也有人以为欲望是自由无碍的，并据以解释事物，而这种解释则在实际上被用来积极宣传自由市场的经济制度以及一切与之相适应的政治的和法律的措施。相信有所谓“力量”的一般特性，就会使得人们不必记住用实际事情来检验理论。如果事情的发生显然违背了这个信仰，这个矛盾不是用来作为进一步检验信仰的理由，而是用来作为一个线索为这种失败寻求特殊原因，从而使这个原则的真实性仍旧维持不变。

单纯的一般观念无需乎依靠观察，就能够加以论证和反驳。这种辩论之所以得免于成为单纯的纸上谈兵，是因为其中包含有一定的情绪态度。当一般的观念不能被实际所发生的事实不断地加以检查和修正时,它们就被当作一种理所当然之事，属于意见范围之内。意见的不一致，在那种情况之下，就成为争论的根据，而不像今天在自然科学中那样，把问题弄明确，推动进一步的观察。如果关于学术上的问题以及它们的后果能够没有争论地作出任何概括的结论，那是因为在意见和不同意见的冲突的领域里，缺乏一种揭露事实从而建立共同信仰基础的研究方法。

社会的事件在任何情况之下都是十分复杂的，因而难以形成一些有效的观察方法,求得关于事情之相互联系的概括结论。当前流行的这种学派又增加了更多的困难，使得这样的观察成为不必要的事件——只是偶尔才在争论中利用一些任意选择出来的事情。首要的任务是要构成一般的观念，首先就要促使人们寻求问题——反对那种认为已经有了现成解答的假设，因为根据这种看法就没有任何问题的存在了；其次，是用概括来解决这些问题，而这些概括乃是对分析地观察过的事件之间的互相作用所作的陈述。

我且回到那个特殊的社会哲学来，它把为获取私利的努力所推动的经济制度当作是自由民主制度的基本条件。无需乎追溯到这个理论在英国放任的自由主义者手中的那种早期表述形式。因为虽然这种哲学已经为事实所否定，但是在我国，对建立所谓商业的社会控制所作的努力在目前已经使得这个理论在其非常赤裸裸的形式之下重新复活了。目前有人根据这个理论来反对这种控制的措施，而这些控制的措施又被用来促使人们注意这个理论的错谬；我们也无须赞成这些控制的措施。这个理论就是：被解释为个人有最大限度的自由机会从事于商品和服务的生产与交换的资本主义乃是同民主主义紧密结合在一起的一对孪生子。据说，因为前者和创导性、独立性、生气勃勃等个人特性是等同的，而这些特性是自由的政治制度的基本条件。所以，据他们辩论说，政府对于商业活动的管理便限制了这些个人特点的活动，而这种限制同时就是对于政治上的民主所赖以存在的实际的和道德的条件所进行的攻击。

在这里，我并不涉及由于赞成和反对这些措施所提出的特殊理由有什么价值。我的意思是说：笼统地诉之于一些假定的人类动机，如一般的“创导性、独立性、企业心”等，这就模糊了我们具体观察事物的需要。即使当我们观察到事物的时候，对这些观察到的事情的解释也是被事先决定了的，而不是从观察到的东西中所推演出来的。由于把这种争论局限在意见的领域内，也助长了从另一个方面诉之于同样一般的笼统的观点。于是我们就遇到了一种针锋相对的冲突：一方面是所谓“个人主义”，而另一方面是所谓“社会主义”。对于具体情况的考察也许会揭示一些特别的条件，而这些条件对于这些名称模模糊糊所指的这两种方法都会是有利的。

“企业”这个流行的字眼，作为一个高尚的名词，对于企图从一般人性固有特点中寻找支持政策的理由的尝试，是特别有用的。因为“企业”唯一恰当的意义乃是一种中立性质的含义，指从事于一种“事业”，它之所以受人欢迎，是因为它实际所产生的结果，而这也照样需要在具体的情况中加以研究。但是“企业”（enterprise）[①] 又具有一种受人欢迎的人性特点的含义，因而这个论点便从观察的领域转入意见的领域，附加了一种受人赞许的情绪。“企业心”，和“创导性”、“勤勉”（industry）[②] 一样，能够用来说明无数的对象；这些字眼可以说明一个闹事的工联的活动，也可以说明一个有益于社会的工业企业。

上面我们比较详细地叙述这个事例，因为它提供了一个突出的例子，说明首先把一个现存的社会行动的方式转变为一个人性的心理特征；然后，把一个被认为真实的心理的事实转变为一个价值原则——一种道德的东西。由一些具有明确的空间和时间界线的情况所提出的社会问题——而它们必须是用观察去确定的——变成了一些不涉及地点和时间条件而能够绝对确定的问题。所以它们变成了属于意见和有争论性的东西——而且由于后者没有解决任何问题，最后的倾向便诉诸一种力量，把它当作最后的决定因素。

---

① enterprise 又作“企业心”解。——译者

② industry 又作“实业”解。——译者

为英国学术界激进派用来论证大众政治与自由的这个人性构成论不只包含有利己的动机。它还曾正式地主张过：对得失、对别人苦乐的同情心也是人类天生禀赋部分。利己和同情，这两个组成部分，性质相反，却在一个完整的主张中坦率地结合在一起——有时还公开地把它们比作牛顿天体动力学中的向心和离心的组成部分。利己的一面为有关公共的和政治的行动的理论提供基础；同情的一面则说明个人在他们的私事中彼此之间的关系。这个主张教导说：如果改革政治制度以废除特权和不公平的徇私舞弊，同情的动机就会大大扩大它的有效的和成功的活动范围，因为坏制度是人们损人利己的主要原因。

这个理论在它所引起的反应的方面有着比它本身更大的重要性。因为德国在十九世纪发展了"有机唯心主义"的哲学，而它们在今天则已成为极权主义的理论基础和辩解。关于人性的构成的理论在理论上和在实际上都把政治和道德建立在所谓人性的构成之上，而这些理论是具有它们的弱点的。那些"有机唯心主义"的哲学便以这些理论的弱点来作为它们自己的开端和出发点。如果要对这种反应的形成与实质作一个适当的说明，这就会使我们涉及到一些专门的问题。但它的基础是简单的。

把政治和道德权威的根源置于人性之中的企图曾被认为是骚扰、混乱和冲突的根源；这是一种把社会制度与个人关系建筑在最不稳定的流沙之上的企图。同时，陈述这个新观念的哲学是新教徒和北方人。所以他们的反应并未促使他们去接受罗马教会的主张来作为屏障以抵御极端个人主义观念和政治上的腐化倾向。

法国革命，以及其放纵无度，在德国一致被认为是企图把权威置于没有约束之地的逻辑结果。因此，它就被当作是这种主张所具有的内在弱点的一个实际的大规模的实例。能够用来替这种主张辩护的东西，最多也只是那些能用来辩护法国革命的东西——说它有助于避免已经发生的弊病。作为一个积极的和有建设性的原则看来，它是一个悲惨的幻想。说明这个革命的正式信念的人权宣言被认为是一堆错误主张的一个概述，它产生了这个时代的一切独特罪恶。如上所述，这种反抗没有接受教会的主张来作为它的批判和它所建议的建设性的措施的根据。它本身深受它所反对的个人主义所由产生的那些条件的影响。对于这种影响的估价，希腊中古观念的代表们批评说，这个运动本身是严重的“主观主义”的。它树立了一个“绝对的自我”、“心灵”、“精神”来“调和”自由与权威，个性与法律，而人类是这个“绝对自我”等等的个别的、部分的体现，社会制度、国家、历史进程则是一个“比较真实的”和圆满的体现。既然历史是最后的裁判法庭，既然它代表着绝对精神的运动，那么诉之于武力来解决国家之间的争端就并不“真实地”是诉诸武力，而毋宁说是绝对理性的最后逻辑。个人主义的运动是引导人们去承认“精神”和“人格”在自然、人类和社会的构成中的第一性和最后性的一个必然的过渡的运动。德国的有机唯心主义要保留这个运动中一切真实的东西，把它提高到绝对“自我”和“精神”，而减除它所具有的错误和危险。这个运动中有许多专门性的东西；许多有关它的细节只能由于特殊学术上的理由才能加以解释。但是它的核心乃是它的那种替个性和自由寻求一个“高级的”理由的企图，而个性与自由乃是同法律与权威融合在一起的，它们必然是合理的，因为它们是“绝对理性”的体现。当代的极权主义便毫无困难地发现了，体现在德国国家的德意志民族精神，从一切实用的目的看来，都是黑格尔式的“绝对精神”的合适的代替物。

卢梭常常地，而且在许多方面恰当地，被当作是法国革命的先觉和在学术上的前辈。但是由于历史上充满着矛盾，他也是这个在德国充分发展起来的理论的继父。他充担这个角色，一部分是间接的，因为他攻击文化，而如上所述，这是对颂扬文化反对人性所产生的一个反抗。但是他也正面地和直接地扮演了这个角色。因为在他的政治著作中，他预先有过这样一个观念：即一个“共同的意志”乃是合法的政治制度的根源；自由和法律在这个“共同的意志”的活动中乃是同一个东西，因为它必然代表着共同的利益,所以也必然代表着每一个人的“实在的”和真正的利益。

如果个人提出他们纯粹个人的欲望，违背这个“普遍意志”，那么“强迫他们获得自由”照样是合法的（的确，也是必需的）。卢梭是意图用他的理论来陈述自治制度和多数统治的基础。但是他的前提却被用来证明这个“共同的”——或“普遍的”——“意志”和“理性”是体现于国家之中的。它最合适的体现是在那样一些国家之中，在这些国家里，法律、秩序和纪律未曾由于民主异端而被削弱：这一个观点曾在德国在拿破仑的征服之后被用来在那个国家里创造出一种侵略性的民族精神，这个观点为藐视这个与德国文化相反的法国“唯物主义的”文明提供了根据——这一种藐视后来扩大为对于任何国家中民主制度的贬责。

关于对人性个人主义理论的反抗的这个简单叙述指出了国家社会主义的背景，但同时它也帮助说明了民主国家所处的困境。个人主义的理论在一百多年前曾被用来支持政治上的自治，然后帮助实现这个目的，这个事实并没有使得这个理论成为目前对于民主行动的可靠指导。在今天读一读卡莱尔对于这个理论的那种挖苦的、生动的谴责，是有益的。他也同样尖锐地谴责了这种把政治权威建立在利己的基础上而把私人道德建立在同情心的运用上的企图。后者是伤感主义的泛滥而前者是“混乱加上警察”——后者是需要用来维持一个即使是外表的秩序的。他祈求要有纪律与秩序，而这又要求有一个精选人物来做领导。

目前的情况可以叙述如下：民主确实包含有这样一个信仰，即政治制度和法律应从根本上考虑人性。它们必须较任何非民主的制度给予人性以更自由的活动余地。同时，无论在法律方面的和在道德方面的人性论，曾被用来阐述和证明对人性的这种依靠情况，但这种理论却证明并不合适。在十九世纪，在法律和政治方面愈来愈多地充斥着许多观念和实际，它们更多地是涉及谋利的生意而不是民主。在道德方面，则倾向于用一种在情感上劝告人们按照基督教箴言来行动的办法去代替把民主的理想融贯于**一切**的生活关系中去，从而提出纪律和控制的办法。由于缺乏一个恰当的关于人性与民主关系的人性论，因而对民主的目的和方法的爱慕就会变为一种传统习惯之事——就其现行的情况而言，它是一件好事，但是当它变成习惯，而条件的变化又改变了其他的习惯时，它就容易在无形中受到损害。

如果我是说：民主需要一种关于人性的新心理学，一个适合于国内外条件对它所提出的大量要求的心理学，那么我也许会被人认为是论及一件在学术上不相干的事情。但是如果把上述的说明理解为：民主总是同人道主义、同相信人性潜能的信念相联系着的，而当前的需要就是有力地重新肯定这个已在有关的观念中有了发展而又在实际态度中表现出来的信念，那么它只是美国传统的继续而已。因为对于“普通人”的信仰是没有意义的，除非它是表示信仰在民主与人性之间有着紧密而必需的联系。

我们不能继续保持这个观念：即人性本身，当它脱离了外在人为的限制时，就会自然产生民主制度，成功地工作着。我们必须从另一方面来叙述这个论点。我们要注意，民主是指这样一种信仰：即人道主义的文化应该流行于世；我们应该坦率而公开地承认，这是一个道德方面的命题——像任何涉及“应该怎样”的观念一样。

在我们看来，似乎很奇怪，民主既受左翼的极权主义从经济方面的理由所提出来的挑衅，又受法西斯派的极权主义国家从道德方面的理由所提出来的挑衅。从比较的条件看来，我们可以在同前者的比赛中保卫民主，因为到现在为止至少苏联在物质事业方面还没有“赶上”我们，更谈不到“超过”我们。

但是要反对另一派的极权主义（而且也许最后也是反对马克思主义派），就需要有一种积极的和勇敢而有建设性的觉醒来认识到，相信人性在我们文化每一方面：在科学、艺术、教育、道德与宗教，以及政治和经济等方面——的发展中的重要意义。不管在抽象中人性是多么一致和恒常，使人性发生作用的条件自从我们建立了政治上的民主以来，已经有了十分巨大的变化，因而民主不能单单依靠政治制度或仅在政治制度之中表达出来了。我们甚至不能确定，它们以及它们在法律方面的附着物在今天实际上是不是民主的，因为民主是表现于人类的态度之中而以在人类生活中所产生的后果为衡量尺度的。

关于民主的人道主义观点对于一切文化形式，对于教育、科学和艺术、道德和宗教，以及工业和政治方面的影响，使它得以避免那种对伦理式的劝告所作的批评。因为它告诉我们说，我们需要检查人类活动的每一个方面来确定它在解放中所产生的效果，来确定人性潜在力的成熟和果实。它并不是要我们“在道德上重新武装起来”，因而一切社会问题都将迎刃而解。它说：发现我们现有文化的一切组成部分是怎样工作着的，然后注意到在需要的时候和需要的地方把它们加以改变，使它们的活动可以解放和实现人性。

人们常说（这种说法还没有完全过时），民主是基督教的副产品，因为后者曾教导说，个人的灵魂具有无限的价值。目前有人对我们说：既然对于灵魂的信仰已经为科学所驳斥了，所谓民主的道德基础也就一定要加以废弃。他们对我们说：如果有理由宁爱民主而不爱其他形式的人类彼此关系的安排，那么它就必须表现出一些特别明显的优点，表明胜过其他社会形式。又有人从一个十分不同的角度告诉我们说：灵魂的旧神学主张的削弱就是民主信仰消失的理由之一。这两种相反的观点增加了这个问题的重要性和急需解决的迫切性：即对人性潜在力的信仰是否有恰当的根据以及它们能否伴随着具有一度为根据神学的宗教观念所唤起的那种强度和色彩。人性就是这样贫乏的东西，因而这个观念是荒唐可笑的吗？我并不企图给予任何答案，但是“信仰”这个字眼我是有意使用的。因为从长远看来，民主与维护这个信仰以及具体证明它的可能性是共存亡的。

即以不容异说这个问题为例。任何人类集团（“种族的”、“宗派的”、“政治的”集团）的有系统的憎恨和猜疑都意味着对人性性质抱着一种根深蒂固的怀疑态度。从相信具有宗教性质的人性潜能的观点看来，那种憎恨和猜疑是冒渎神灵的。它也许是从针对着某一个特殊的集团出发的，而且也许会提出一些特殊的理由来支持它，说明为什么那个集团是不值得信任、尊敬和郑重对待的。但是最后仍是一种根本不相信人性的态度。所以它就从不相信和憎恨某一特殊集团而加以扩大，以致不相信任何人群具有任何被人尊敬和承认的固有权利——如果要给予它以尊敬和承认，那只是由于某些特殊的和外在的理由，如它对于我们的特殊利益和抱负有用。不容异说用来反对人们时所具有的腐蚀力是没有什么物理酸素的。它的腐蚀力是由于培植而来的。反人本主义的态度就是一切形式的不容异说的实质。从激起对一群人们的仇恨开端的运动到后来则将否认这群人具有任何人性。

这个不容异说的例子是用来说明民主的前途与信仰人性潜能之间具有内在联系——而不是因为它本身有什么重要性。我们过去的调和有多少是积极的，而有多少又只是意在“停止”某些我们所不喜欢的东西的那样一种调和，只是由于要改变它就包含有太多麻烦因而宁愿“忍受”它的那样一种调和？因为目前有许多反对民主的反应大概仅仅是在于揭露早先存在的弱点；这种弱点过去或是被掩盖着的或是并未曾暴露真相的。确实，反对黑人、天主教徒和犹太人的种族偏见在我们的生活中并不是什么新鲜东西。它在我们当中的出现是一个内在的弱点而且是申斥我们，说我们的行为无异于纳粹德国的把柄。

在我们自己的习惯态度中所揭发出来的最大的实际矛盾大概是在政治问题上形成意见的民主方法与在其他方面形成信仰时所常用的方法之间的矛盾。从理论上讲，民主方法就是通过公开讨论来进行说服，这种公开讨论不仅在立法院里进行，而且在报刊上、私人的谈话中和公共集合场所进行。用选票代替枪弹、用选举权代替鞭打，这乃是用讨论的方法代替压制的方法的意志表现。虽然在决定政治问题上它是有缺点和片面性的，但它曾使得一些宗派纠纷不致逾越限制，这是一世纪或更多些时候以前所不能使人相信的。卡莱尔曾经运用他的讽刺天才来讥笑过这个概念，他说：人们用会议室里彼此谈话的方法就能决定社会事务中什么是真的，这无异是运用乘法表就能决定什么是真的一样。然而他没有看到：如果人们过去一直是使用棍棒彼此残害和屠杀的方法来决定 7 乘 7 的积数的，那么即使在后一种情况之下诉之于讨论与说服也就会是具有充分理由的了。根本的回答是：社会的“真理”与数学的真理十分不同，以至在前一种情况之下，只有当一个独裁者具有这样一种权力叫别人一定要相信什么——或承认他们是相信什么的时候，信仰的统一性才是可能的。调整兴趣就要求不同的兴趣有机会把它们自己联系起来。

真正的麻烦是在我们的习惯态度中有一种内在的分裂：我们公开地承认在政治上依靠讨论和说服，然而在道德和宗教问题上却是一贯地依靠其他的方法，或者是依靠某一个具有“权威”的人或集团。我们不必到神学问题中去找例子。在家庭和学校里，这些地方是人们认为形成性格实质的所在，时常用来解决学术上和道德上的争端的办法是用乞灵于父母、教师或课本的“权威”。在这种条件下所形成的性格和民主的方法是十分矛盾的，因而在一种紧急关头，就会引起它们的活动，用积极地反民主的方法去达到反民主的目的；正如人们随时在“法律和秩序”受到威胁的口号的掩饰之下，乞灵于暴力和压抑公民自由一样。为民主所特有的、适合于行动需要的、适当的权威，如果具备这样一些条件，它们就将使得人性潜能开花结果，这是不容易找到的。因为这是不容易的，所以民主也是一条不容易采取的道路。这条道路把最大的责任负担放在最大多数的人类的身上。挫折和偏差发生着并将继续发生。但是那种在一些特殊时期是它的缺点的东西在人类历史的长远进程中却是它的力量。正因为民主自由的目的就是为了使得人类潜能获得最大可能圆满地实现，所以当后者受到剥夺和压抑的时候，它将会在适当的时候起来反抗而要求有表现出来的机会。在美国的民主创始人看来，民主的要求和公平的道德要求是内在的一回事情。我们现在还不能很好地运用他们的词汇。知识方面的变化使得他们常用的这些字眼失去了它们的意义。但是无论他们许多的语言怎样不适合于当前的用法，他们所肯定的是：自治制度乃是人性在大多数人类中用以获得最圆满的实现的手段。在种种自治的方法中所涉及的问题现在是复杂得多了。但是正由于这个原因，那些要维护民主信仰的人们的任务就是要全力恢复和维护民主具有内在的道德性质这个原来的信念，不过现在用一种适合于当前文化条件的方式陈述出来吧了。我们现在已经有了足够的讨论来结论说：民主是一种生活方式。但是我们还要明白：它是一种个人的生活方式，这种生活方式为个人的行为提供了道德的标准。

第六章　科学与自由文化

启蒙时期有个简单的信念肯定说：科学的进步消除了愚昧与迷信（这个人类被奴役的根源和专制政府的支柱）就会产生自由制度。现在的情况已不再可能保持这个简单的信念了。自然科学的进步比我们所能预料的甚至还要迅速和广泛得多。但是科学技术在商品的大规模生产和分配中的应用已经要求资本集中；其结果在商业方面产生了具有广泛的法律权利和特权的股份公司；而且如所周知的，还引起了一大堆复杂的新问题。科学技术已经让独裁者们掌握到控制舆论和感情的有效的手段，使独裁的统治者们随心所欲地，把以前的一切手段变成纯粹的幻影。科学技术已经用各种观念和捏造消息的宣传手段来代替旧日的消极的检查，它通过一切新的和旧的广播和交通的工具把这些观念和消息，日复一日地重复着深入每个人的心目中去。结果在人类历史上，在实际上第一次极权国家宣称是依靠被统治者的主动的同意而存在的。同时，独裁政府虽是人类政治生活一开始就有的，但是正如它的惊人的权力，这种特殊现象也是十分出人意料之外的。

早期辩护民主的论点之一现在遭到了最窘困的反击。在工业革命已经有了很大发展以前，通常总是说专制政府只受到比较少数的阶级的支持。人们往往以为共和政府会得到群众广泛的支持，因而如卢梭所说，“人民”从来是不算一回事的，今后却要变得是万能的了。当前的论调又颠倒过来了，据说民主只是一个数量上的把戏，凭着个人交替的纠合，在某个时候恰巧凑成选举人的大多数。据说，道德上的一致是民主国家所显然缺乏而为极权国家所具有的实质，因为只有在信仰和目的统一起来的时候才能有道德上的一致。这种说法和马克思主义的共产主义者的说法是一致的；他们说：既然他们的观点本来就是科学的，那么错误的意见就没有合法的根据来反对“真理”的权威。但是在某种意义上，法西斯主义的说法还要深刻一些，因为它装做业已伸展到科学所要求的理性的忠诚的下面，而立足于根本的情绪和冲动之上。

有一个关于科学的论点在民主国家里至今还仅仅引起较小的反应，但是它却提出了一个十分基本的问题，今后它将越来越引起人们的注意。据说，放任自由的个人主义的原则曾经支配着科学研究的行为；个人研究者的嗜好和偏爱自由地支配着科学研究的进程，以至由于科学的默许和工业中未加控制的个人活动而产生了当前学术上的模糊和道德上的混乱。

这个论点如此偏激，与我们所能相信的如此相反，以至我们很容易把它当作是一种错乱思想而予以忽视。但是这个观点，由于它的偏激的特点，可以用来指明一个真正的争论之点：科学的社会后果到底是些什么？科学的社会后果，由于技术上的应用，是否真是那么不重要，因而社会利益超过了学术利益吗？社会主义者所主张的那种对于工业的社会控制如果没有某种对科学研究的公共管理，能够贯彻实行吗？而我们知道科学研究乃是决定工业进程的种种发明的源泉。这种管理不会扼制科学的自由吗？有人比较谦逊地叙述了同一个问题，他们说：发明（仅仅由于科学研究的发现才存在着）的社会效果是如此之不稳定的，以致他们最低限度所能做的事，就是宣布推迟利用科学的成果。

在俄国有人认为，近一百五十年以来科学所采取的方向是由占统治地位的经济阶级的利益所决定的，因而总的讲来，科学是资产阶级民主的一个工具：也许在政府、政治和军队的事例中不是那样有意识地，然而实质效果是一样的。既然不可能在自然科学和社会科学之间截然划分界线，而且既然后者——无论在研究方面和在教育方面——必然是受新社会秩序的利益所调节的，那也就不可能使自然科学脱离政治的调节。纳粹德国规定了人类学中关于种族的科学真理，而莫斯科则决定了孟德尔主义在科学上是错误的而且指示遗传学必须遵循的途径。这两个国家都讨厌相对论，虽然双方根据的理由不同。然而，在这些特殊事例之外，对于控制舆论的这种普遍气氛不能不在一些比较根本的方式之下反作用于一切形式的学术活动——在艺术方面也和科学方面一样。

即使我们认为，这些偏激的观点是偏激得成了一种歪曲的漫画，这里面却有一个实际的问题：社会，特别是一个民主的社会没有信仰上基本的一致性和共同性也能够存在吗？如果不能够，那么所需要的这种的共同性，没有一个公共权力为了社会的统一而对科学研究加以管理，能够成功吗？

还有一点与此有关，就是科学工作者们曾被人谴责说他们对社会后果不负责任，而且正是在这种关联之中形成了这个根本的争论点。有人辩论说（其中有些人自己也是科学家）：在过去几百年内，尤其是近五十年内，物理科学的主要方向，间接地和直接地，都是由那种为了个人利益而进行的工业的需要所决定的。据说，这些问题，和那些已经耗费了大量脑力的问题比较起来，并未曾得到应有的注意，而对于这些问题的考虑就会对命题有所证明。

直接的控制大部分是由政府执行的。凡是有助于增强国家力量的科学研究，国家就用提高生产和贸易以抵制其他国家的办法或者用奖励增强军事力量的研究的办法，来予以补贴鼓励。间接的控制则是以复杂的方式进行的。在现代生活中，工业的地位是如此重要，以致从事于科学研究的人们，除了那些由工业企业直接交给科学实验室的项目以外，对于那一类实际致力于控制自然力的问题——具体说来，即生产和分配商品的问题——在心理上不可能不是最敏感和最富于反应的。况且在科学事业的周围还围绕着一道正面的晕光。因为人们认为，科学事业的发展将增进公共的社会福利，或者至少是国家利益，这不是没有根据的。德国在物理学的研究方面在各国之中是领先的；而且正是在德国，科学的发展显示出在国家的力量和威望上是最能直接地作出贡献的。因此，就有可能使某些聪明的有心人，并非天真地，把德国大学当作是我国学习的榜样。

这并不意味着说，个人的经济利益在指导个别科学家们的研究中起着任何重要的作用。照例，如所周知，却正相反。但是注意力和兴趣并不是以相同的程度对自然宇宙的一切部分自由地普照着。它们是在一定的路线之内活动着的，而一般的文化状况决定着这些路线。“舆论的气候”决定着科学活动的方向，正像自然气候决定着农活一样。社会的想象也具有一定的情调和色彩；其结果，一方面是倾向于智力上的免疫，而另一方面则倾向于智力上的敏感。甚至于有人说（而且有许多论据来支持这种说法），十九世纪流行的关于科学的机械主义的信念乃是工业生产中机器所具有的重要性的间接产物，因而现在当机器生产让位于电力生产时，基本的科学“概念”也正在起着变化。

以上是论及国家主义在决定科学的方向中所起的作用。突出的例子就是在战时把科学人员组织起来帮助国家。这个例子突出了在任何时候，甚至在名义上和平的时候比较隐晦地和暗中继续着的那些倾向。在一切工业化的国家中政府活动范围的扩大在某些年代里加速度地继续进行，加强了国家利益和科学研究之间的联系。当然，有一点是可以讨论的：即当我们是在由私人经济利益来控制科学和由国家主义者利益来控制科学之间进行选择的时候，我们是否应该选择后者。可以推论说，在极权国家对于科学所施加的公开控制只不过是在某些时候以一种或多或少隐蔽的方式所继续着的倾向的明朗化而已——因而可以下结论说，所提出的这个问题就并非专属于某些特殊国家范围以内的了。

初视之下，十分奇怪，对科学的研究与结论进行直接社会控制的要求却是由于科学人员自己通常采取的一种态度在不知不觉之中被增强了的。因为他们通常是这样说的，这样相信的：科学，从推动人们行动的目的和价值来说，是完全中立的和漠不关心的；至多只能为实现目的提供比较有效的手段，而目的则是，而且必定是由完全独立于科学之外的需要和欲望所决定的。也正是在这一点上，当前舆论的气候大大地不同于启蒙时期的乐观主义的信念所标志的那种气氛；这个信念是：人类科学和自由将会手挽手并肩前进，走向一个可以使人类无限完善的时代。

说大众景仰科学，大部分是由于科学帮助了人们获得所需要的东西，而与他们从科学中所学习到的东西无关，这种说法无疑是对的。罗素生动地叙述过使得科学代替过去曾经坚信过的信仰的那样一种情况："全世界都再不相信是约书亚（Joshua）使得太阳站住，因为哥伯尼的天文学对航海是有用的；人们废弃了亚里士多德的物理学，因为伽利略的落体学说使人们能计算炮弹的弹道。人们拒绝了洪水说，因为地质学对采矿是有用的等等。"* 无疑地，这一段引语说明了这样一回事情：它曾使新科学的结论具有一种威信，一直继续到科学迫切需要外援以取得绝对无可怀疑的报告的时候为止。作为一种说明的材料，它给人的印象特别深刻，因为亚里士多德和教会曾经享有无上的权威。假如，即使在旧主张完全占优势的情况下，科学所具有的这种被证实的服务性曾经使它获得胜利，那么对于科学在没有这种强敌作对的情况下所获得的那种更高的景仰，我们就

* 罗素：《权力》，第 138 页。

更容易断定了。

有些保卫森严的团体利益过去曾经垄断过各种关于天文、地质以及历史的某些方面的信仰；这种团体利益表现出它对科学是敌视的。此外，历史还证明了人类对信仰的性质抱着一种漠不关心的态度，而对于破坏旧信仰的方法存在着一种无知无识的态度，因而我们十分高兴地看到新科学已经获得了这样强有力的外援。但是科学知识是否具有力量来改变人们所颂扬和所追求的目的，对于这个问题仍然没有得到解决。科学的发现——我们所具有的最可靠的知识——仅限于加强了我们满足业已存在的欲望的力量，这一点已证明了吗？或者说，这个观点是从某一种过去关于人性构成的学说中所派生出来的吗？欲望和知识存在于一种互相分隔，互不沟通的隔室之中，这能够是真的吗？有许多事实无疑地可以证明，例如人们是不加区别地把科学知识用来治理病症、延长生命和用来作为大规模毁灭人类生命的工具；但这些事实真正证明科学的利用是不加区别的吗？或者说，它们只是一些特别选择出来的事例用来支持一种根据另外一些理由所倡导的主张，而不是以事实为证据的吗？正如这个学说所假定的一样，人类的目的和人类的信仰是完全分隔无关的吗？

知识不能改变欲望的性质（因而不能影响目的的形成），这个观念打击了旧的观念，而这种打击本身当然并不能据以否认旧观念的正确性。这个旧观念也许完全是错误的。不过，这一点却值得讨论。我们无需乎论及柏拉图的学说，这种学说认为知识或被视为知识的东西乃是决定人们的“善”的观念，因而是决定他们的行为的唯一因素。也无需乎论及培根的见解，这种见解把科学知识的组织当作是预计绝对增加人类福利的未来社会政策的基础。简单的事实是：现代一切自由进步的有目的的运动都是基于这样一个观念：即行动决定于观念，一直到休谟才把理性说成是或应该是“情欲的奴隶”，或用当代的语言来说，是情绪和欲望的奴隶。当休谟这样叙述的时候，他当时是没有得到什么反响的。这个观念现在却几乎是从四面八方一再得到共鸣。古典的经济学派曾把欲望当作是人类行动的根本动力，把理性贬低为一种计算最适合于满足欲望的手段的力量。生物学对于心理学的第一个影响就是强调欲望和本能的第一性。精神病学者也曾支持同一结论，他们指出理性上的错乱来源于情绪上的失调，并且揭露了欲望控制信仰的范围。

早期的学说忽视了情绪与习惯是决定行为的重要因素，并且夸大了观念与理性的重要性，承认这一点是一回事。但是主张观念（特别是那些为合格的探究所证实的观念）和情绪（以及需要与欲望）存在于分开的隔室之中，而在它们之间并没有任何交互作用，这又是另一回事。当这个观点愈是露骨地陈述出来时，它愈是使人感觉到在人性构成中十分不可能有这样一种完全分隔的状态。而且如果这个观念由于事实俱在而非接受不可的时候，不管人类事务会陷于怎样的灾难，这个把欲望和知识完全分隔的主张的含义就必然要受到注意。欲望是固定不变的这个假设从表面上看来，明明和人类从未开化期通过野蛮期乃至当前文化欠缺的状态这个进化的历史是不相符的。如果知识，甚至最可靠的知识，不能影响欲望和目的，如果它不能决定什么是有价值的而什么是没有价值的，那么对于欲望形成的未来瞻望就会是令人丧气的。否认欲望能够受知识影响的说法就会强调地导致这样一个结论：形成欲望和目的将是一些非理性的和反理性的力量。除了观念的力量以外，就是习惯或风俗，于是当单纯习惯的统治破坏时——如当前的情况——所剩下的一条道路就是由各种团体和利害关系的竞争来决定在形成欲望的斗争中哪些将是突出的因素；这种斗争是用恐吓、强制、贿赂以及各种的宣传来进行的，而所形成的这些欲望将突出地控制着人类行为的目的。前途是黑暗的。它使人想到这样一种可能性：培根、洛克以及启蒙时期的其他领袖们——典型的是康多尔塞（Condorcet）的行动，当他在监狱里等待死亡的时候，正在写作关于科学在将来人类解放中的作用——他们对于嗜好、习惯以及盲目的欲望对行动的实际影响终究是十分明白的，不过他们选择另一条将来所要走的，较好的道路吧了。

他们所预言的这条道路未曾得到结果，这是不辩自明的。培根，作为皇上的一个仆人，利用他自己的知识来增强大不列颠的军事以对付其他的国家，这种活动，从现在看来，对于以后所发生的事情，似乎比他在文字上所写下来的更有预见性。他所希望随着科学的进步而来的控制自然的力量已经产生了。但是和他的期望相反，它大部分被用来不是削弱而是增加人控制人的力量。我们能下结论说这些早年的先知们在实质上完全错误了吗？或者我们能下结论说，他们大大地低估了科学出现以前在他们的想象中形成欲望时，制度和风俗所具有的顽固性吗？事情不是终于指出了，如何找到一种方法使可靠的信仰影响欲望、影响目的的形成，因而影响事物本身的进程这个问题的重要性吗？能够承认宣传对形成目的的力量，反而否认科学对它的力量吗？

从一个角度看来，这个问题又使我们回到了我们的根本论点：文化与人性的关系。因为在答复证实的知识是否可以形成欲望和目的（以及手段）这个问题时，具有决定性的事实就是，这些决定行动进程的欲望是天生的和固定的呢，还是一定文化的产物。如果是后一种情况，这个实际的争论之点就是：科学态度是否有可能变成文化的这样一个重要和广泛的组成部分，以致通过文化的中介，它可以形成人类的欲望和目的？

提出这个问题还远不是已经回答了它。但是它已使得这个论点具有了一种实际的而不是虚构的形式。这个争论之点已不再是关于在人的天生的心理构成中知识与欲望的关系这样一个不能决定的问题了——它是不能决定的，除了其他理由以外，还因为有没有离开了天生生理构成的欲望这样一种东西，这还是一个有争辩的问题。这个论点已是属于文化构成这样一个可以确定的问题了，在这一类的文化构成中，科学方法和科学结论是完全结合在一起的。

这个问题用这一种方法叙述出来，便从另一个角度指出了科学由于它的服务性所获得的景仰。到处都有人由于科学明显地对于满足他们的个人欲望有所贡献，因而仰慕科学，这很可能是一个事实。也有一些集团同样受到这样的影响，这也是必须承认的。但是人们之所以愿意接受从科学中所引伸出来的结论以代替旧观念的理由，并非完全是，乃至并非主要是由于直接的个人的和阶级的利益。在航行和采矿中所获得的进步已经变成了文化状态的一个部分。而且正是由于它们是文化状态的一部分，所以，它们才倾向于代替适合于早期文化状态的信仰。从全体来看，应用物理与化学来有效地满足需要和产生新的需要，情况大致也是如此。应用它们来提高作战中的效力无疑地曾经引起像统治者和将军们这样一些人们对于科学的重视，否则，他们对它是漠不关心的，但是人民群众则被它们应用于和平艺术中的结果所影响而对它们采取一种偏重的态度。决定的因素似乎在于：是战争的艺术还是和平的艺术，在将来会成为控制文化的因素，而这一个问题又需要发现为什么战争是目前文化中如此重要的一个组成部分。

如果我坚持这样一种信仰而把它作为论据：即与科学理论实际相应的技术现在已经达到了这样一点，它们已能用来创造一个富裕的时代来代替自然科学发展以前存在的那种"短绌的经济"，而且也会随着这个富裕和安全的时代而减少冲突的原因，对这样的信仰也许还会有争论。这一点却不妨作为一个假设的例子来加以叙述。可以产生对科学高度推崇的这种服务性也许可能就是对于一般的和共同的或"社会的"福利的服务性。如果经济制度会有如此的变化，以致科学的资源会用以维护全体人类的安全，那么目前认为科学是有限度的这个看法就会消逝。也许不会有很多人否认：推崇科学，即使仅仅根据于它的服务性而言，至少一部分也是由于一般的和私人的服务性两相混合的结果。如果还有人怀疑这一点，他不妨考虑一下科学在实际上，而且更多地在潜能上，对于农业所作出的贡献以及由此所产生的在食物和原料生产上这种变化的社会后果。

英国的化学家沙蒂（Soddy）曾经说过下面的一句话："科学的珠宝撒在猪的面前，而他们反过来给我们的，是百万富翁与贫民窟，军备与战争的废墟。"这就说明在这个账单上还有负债的一面。这种对比是真实的。如果这种对比的存在支持这样一种主张：认为科学仅仅为有效执行已有的欲望和目的提供手段，那么这是因为它指出了我们文化中存在着有一种分裂状态。动员科学从事于大规模毁灭性的战争，也动员了它来维护生命和医治伤员。其中所涉及的欲望和目的并非从天生的和赤裸裸的人性出发的，而是从人性在与许多复杂的文化因素所起相互作用中所经历的变化出发的，在这许多复杂的文化因素中，科学诚然乃是其中之一，但这个因素，只有当它受到在它产生以前形成的经济和政治的传统和习惯的影响时，才产生出社会后果。

因为，在任何情况下，科学对于手段和目的两方面的影响都不是直接地施加于个人，而是间接地通过融合于文化之中才施加于个人的。正是由于这个缘故，科学的信仰才代替了早期非科学的信仰。这种见解，从最坏的方面讲来，只是说：科学是作为民俗学（folklore）的一部分，而不仅仅是作为科学而起作用的。即使如此，仍要注意民俗学是有区别的，而不同的民俗学所产生的后果是各不相同的。而且即使我们承认民俗学可能是一种属于侵略的国家主义的，而在这里，作为当时民俗学一部分的科学，其后果是目前这种毁灭性的战争，这样，我们也有一个好处，因为这样可以帮助我们认清这个问题的确切地位。

以上我们是把科学当作一个包括许多结论的体系来加以考虑的。我们忽视了科学还具有一种性质，即它也是一种态度，这种态度体现出一种习惯于运用观察、反省和试验的方法的意志。当我们从这个观点看科学时，科学作为文化的组成部分的意义就带有一种新的色彩。有不少科学研究者会严肃地否认他们之所以爱慕科学乃是由于它在物质上的服务性。假如用传统习用的字眼来说，他们就说是由于爱真理所推动的。如果他们是用当代的词句，虽然听起来不那么突出但具有着同等意义，他们就说他们是由于对探究、发现、追踪所发现的事实的证据所指出的方向这种压倒一切的兴趣所推动的。他们尤其是说，这种兴趣和任何未经证据证实而达到结论的兴趣是不相容的，不管那个结论是多么适合于个人的胃口。

总之，有一群人，也许为数不多，在科学研究中具有一种“超利害”的兴趣。这种兴趣已经发展成为一种独特的风格。其显明的因素有：决不轻信、大胆怀疑，直到得到真凭实据为止；宁愿向证据所指向的地方去寻求而不事先树立一个个人偏爱的结论；敢于把观念当作是尚待解决的东西，当作尚待证实的假设来运用，而不当作一个武断来加以肯定，以及（可能是这一切之中最突出的）醉心于新的探究领域和新的问题。

所有这些特点中的每一个特点都是同人类那种天然就是强烈的冲动相违背的。不安定的情况不适合于大多数人的胃口。悬而不决是如此地难以忍受，以致人们通常愿意确切地期望一个不幸的后果，也不愿意长久继续一种怀疑的状态。“一相情愿的想法”乃是一个比较现代的说法；但一般讲来，人们通常喜欢相信他们所想要相信的东西，除非有十分信服的证据使得这种信仰成为不可能。离开了科学态度，猜测，对于那些主观用事的人来说，就会成为主见，而主见就会变成教条。把理论和原则保留起来，不予以解决，等待证实，与一般人的本性是背道而驰的。即使在今天如果我们对一个人的陈述有所疑问，那就会被他认为是对他的诚实的一种侮辱，因而会被他怨恨。千万年来，反对那些为社会所广泛坚持的观点，乃是一件不能容忍的事情。它曾遭到掌管人群的神灵的愤怒。对于未知的东西的恐惧，对于变易和新奇的恐惧，在科学态度产生以前，在任何时候，都曾驱使人们执着于凝固的信仰和习惯；当他们着手做一些不习惯的行动时，他们总是带着一种良心上的责备——即使在一些细小的事情上也是如此，而且要求经过一种赎罪的仪式。如果对于众所公认的规则发生了一些例外，那么对这种例外或者加以忽视；或者当它太显著而难以忽视时，就对它进行系统的巧辩加以搪塞。培根的种族偶像、洞穴偶像、舞台偶像和市场偶像曾使得人们急于达到结论，然后使用他们一切力量来辩护他们所达到的结论，使之免于受到批评和变动。通常法律与习俗的联系以及其拒绝变化的情况乃是大家所熟悉的事实。即使宗教信仰和仪式开始时或多或少是一些异端邪说所凝结成的行动方式，而在它们变成了集团习惯之一部分以后，如果再对它怀疑，那就是不虔诚的了。

我之所以提到这些熟悉的事情，一则是为了要指出我们要十分感谢科学所具有的不可否认的社会服务性，而且在一定程度上和在某些场所，科学已经克服了使信仰发生变化的强大阻力。但是引起大家注意这些事情的主要理由是因为它们证明了下面的情况：在某些人们中间和在一定程度上已经建立了一种新的风格——等于创建了新的欲望和新的目的。科学态度和科学精神的存在，即使在有限的范围内，也证明科学可以发展一种独特类型的倾向和目的：这一类型远不只是提供有效手段来实现独立存在于任何科学影响之外的欲望。

平心而论，对那些为科学精神所激励的人们来说，断定其他的人们就不能具有这种精神并为它所推动，这是不恰当。

这样一种态度，只有当它是纯粹茫然无知的结果的时候，才得免于成为专门职业上的装腔作势，当同一位知识界的代表人物一方面谴责任何承认科学后果具有内在重要性的观点，说这种观点是违背科学精神的时候，而另一方面又主张科学不可能对欲望和目的具有任何影响，这种自相矛盾的情况是需要解释的。

少数人的根本倾向和目的是由科学所影响的，而大多数人和大多数的团体却没有受到这样的影响，这种情况证明了这个争端是属于文化方面的。这种区别提出了一个社会问题：产生这个区别的原因是什么？尤其是当它具有这样严重的后果的时候。既然有些人可能根据从系统的和合格的研究所获得的凭据来构成他们的信仰，那么绝大部分人们却必须依靠习惯、偶然的情况、宣传、个人和阶级偏见以形成信仰，从社会上看来，就再也没有比这更为有害的了。一种公正的风格、理智上的统一、使个人的爱好从属于确实的事实，以及与别人共享所发现的东西而不用来谋取个人利益的意愿等等的存在，即使在比较狭窄的规模上，也是最尖锐的一种挑战。为什么更多的人没有这种态度呢?

对这个挑战的答复是和民主的命运联系在一起的。教育的普及，书籍、报纸、定期刊物的出版方面的影响的无限广泛，使得这个争端成为民主国家所迫切需要解决的。这些出版机关在一世纪半以前曾被视为确实是促进民主自由的东西，而在今天则使之有可能制造伪舆论而从内部来破坏民主。由于连续不断地重复所产生的麻木性，可能产生一种对于粗劣的宣传的免疫性。但是从长远看来，消极的措施提供不了保证。当科学是从所研究的课题方面来解说时，相信每一个人都有可能或有希望变成一个科学家，这是可笑的，但同时，民主的未来却是同这种科学态度的广泛传播紧密联系着的。这种科学态度是防止受宣传笼统迷惑的唯一保证。而尤其重要的，它是可能形成一种足够明智的舆论以对付目前社会问题的唯一保证。

注意发现问题乃是着手解决问题的一个条件。这个问题一部分是属于经济方面的。这里直接涉及控制公共舆论的手段的性质问题；单纯财务上的控制并不是一个吉祥之兆。自由言论、自由出版和自由集会的民主信仰是使民主制度受到攻击的事物之一。因为极权国家的代表们，当他们当权之时他们首先就反对这样的自由，却巧妙地利用它在一个民主的国家里来毁灭民主的基础。有着必要的财务手段的支持，他们就有可能从事于一种继续侵蚀的工作。结果，也许更为危险的是这样的一种事实：使生产和分配的手段倾向于集中的一切经济条件都影响着公共的出版物，而不管个人是否这样想望。现代企业需要庞大的组合资本的原因，自然也影响着出版事业。

这个问题也是一个教育问题。关于这个题目的这方面可以写一本书，而不是只写一段。学校大部分是在传授现成的知识，而且同时在传授文化工具，这是不能否认的。求得这种知识时所用的方法并不是那种在研究中和在测验意见中培养技能时所运用的方法。相反，它们从正面敌视这样的方法。它们使得自然的好奇心麻木不仁而用一大堆各不相关的材料来挫折观察和实验的能力，以致它们甚至不能像在许多文盲中那样有效地发生作用。在民主国家里，普通教育问题，当它为每一个人提供了入学的机会时，还仅仅是达到它的第一步。在教学内容和讲授方法都能随着科学态度的形成而得以解决以前，所谓学校的教育工作，从实现民主的角度讲来，还是一件十分侥幸碰巧的事情。

这个问题——如上面所曾暗示的——也是一个属于艺术方面的问题。简单地阐述这个问题的这一方面，就难免会引起一些错误的印象。因为近来有一个活跃的运动，假名艺术具有社会的职能，利用艺术（造型艺术和文学）来宣传一些被武断地认为社会所必需的一些特殊观点，结果，只要我们一论及这个题目，就会被人认为我们似乎也有赞同同一类事情的气味，只不过在保卫民主的名义之下用一种相反的运动来实行罢了。着眼点并不相同。我是想提醒大家注意，观念并不单纯因为是观念而发生效用，而是由于它们具有想象的内容和情绪上的希求。我曾经提到那种反对早期过于简单化的理性主义的广泛的反感。那种反感又走向了另一极端。由于强调需要、冲动、习惯和情绪的作用，它往往又否认观念、理智具有任何作用。问题在于怎样把观念与知识，同人类构成中的非理性的因素统一起来。艺术这个名称就是指一切用来达到这样一种统一性的中介。

这个问题也是一个道德的和宗教的问题。早些时候，我们曾经指出，宗教和美术联系在一起，曾经最有效地活动着。然而，宗教的历史影响往往夸大了那些不能经受批判的探究和检验的主张。它们在产生心理习惯方面所积累起来的影响是和维护民主所需要的态度不相容的，而这种影响大概比通常所承认的要大得多。敏锐的观察家们已经说过：在德国极权主义比较容易取得胜利的一个因素，就是过去神学信仰的腐败所遗留下来的空隙。那些已经失去了他们所曾经依靠过的外在权威的人们，容易转向到另一个比较接近一些和比较容易接触得到的外在权威。

说这个争论点乃是一个道德上的争论点，就是说，它归根到底要回溯到个人的选择和行动上去。从一种观点看来，以上所说的每一件事情都是说明这样一件周知的事情：即民主政治乃是公共舆论和公共情操的一个机能。但是把民主政治朝着民主的方向的形成当作就是民主地推广科学精神，使它家喻户晓成为人人所具有的通常本领，这就指明了这个争论的问题是属于道德方面的。这就是说，个人需要具有这种科学态度来代替骄傲与偏见、阶级与个人利益、由于风俗和早年情绪上的联系而感到亲切的信仰等等。只有通过很多人的选择和主观努力才能够产生这个结果。

有一位美国的前总统曾经说过："公共的职守乃是一种公众的信托"，这个说法曾一度引起了一种政治上的鼓动。这个说法乃是一件众所周知之事，虽然还需要加以强调。具有关于理性方法的知识与特殊技巧乃是一种公众的信托，这一点即使在口头上也还没有成为周知之事。在有一些人身上，科学的精神已经发展到了这样的地步，即把他所发现的东西传递给另一些也从事于这种专门研究的人们，而把这一点视为理所当然之事。但是它还没有发展到这样地步：即承认有更广泛的传递的责任。随着现代科学史的成长而来的条件说明了为什么是这样的，但是它们并未证明这种情况还要继续下去。内在的和外在的条件使得科学产生一种脱离社会的隐居现象，从一定的观点看来，它颇为类似一种早年修道院式的隐居。

外在的条件是：科学人员，在他们有可能不受控制或迫害而自由地从事于他们的工作以前，必须克服外来的障碍。内在的条件一部分是研究需要极端专门化，而它必然伴随着产生一种对新方法的新奇感；一部分是一种自我保护的政策，来维持一种新的尚未成熟的还在斗争之中的态度的纯洁性，使之不受到由于在实际事务中偏袒于某一边而来的那种污染。有一种根深蒂固的旧传统把科学当作是一个纯粹理论的课题；这个课题是超越于实际之上的，因为理性和理论是如此地高超于实际之上，而依照传统的说法，实际仅仅是物质的和功利的。这种科学的态度就特别得到这种旧传统的恩赏。由于同某些党派的和局部的利益紧密联系在一起而有丧失科学精神的非党派性的危险，就似乎说明了这种"纯洁性"的既有传统的重要意义，它和传统的女性的贞操一样需要各方面外在的防护，把它分隔开来。这种需要并不是要使科学人员变成维护某些特殊实际目的的十字军战士。正像在艺术问题上是如何把艺术家内在的洁白无瑕和观念上的想象的和情绪的要求两者结合起来，同样，现在的需要是，科学人员要承担社会的责任，广泛地传播这种科学的态度；要完成这个任务就不得不一劳永逸地废弃这样一种信仰：即把科学同一切其他社会利益隔绝开来，似乎它具有一种特有的圣洁。

推广科学态度所具有的性质和传播物理学、化学、生物学和天文学的结果，是完全不同的另一回事，虽然后者是有价值的。这种区别就是为什么这个争论之点乃是一个道德问题的理由。科学是否能够影响人们所追求的目的的形成，或者它只是限于具有增加实现目的的力量而这些目的的形成是和科学独立无关的，这个问题就是科学是否具有内在的道德上的潜能性的问题。从历史上看来，科学不具有道德上的性质的这个主张，是为神学家及其形而上学的同盟者们所坚持的。因为这种主张毫不含糊地指出指导道德要诉之于某些其他的来源。而现在，却有人以科学的名义采取类似的立场，这或者是一种普遍存在于文化各方面的混乱现象的标志，或者是民主的一个恶兆。如果控制行为将导致欲望冲突，而又不可能用科学地证实了的信仰来决定欲望和目的，那么实际上就只有选择另一条选择的道路，即用非理性的力量之间的竞争和冲突来控制欲望。这个结论是十分偏激的，因为它暗示着以科学的名义来否认有任何如道德之类的事实的存在，这标志着把一个过渡的阶段盲目地当作是最后的了。不错，科学，对于以前，即在科学产生以前所曾一度想过和相信过的那些道德价值、目的、规则、原理等等是不能有什么影响的。但是，如果说，没有像道德这种事实，因为欲望控制着目的的形成和评价，那么这实际上只是指出了欲望与兴趣本身就是道德的事实，需要为知识所武装起来的理智来加以控制。科学现在正在通过它的物质的技术成果分别地和一组一组地决定人与人之间的关系。如果不能够发展决定这些关系的道德上的技术，那么现代文化的分裂就会变得如此深刻，以致不仅民主，乃至一切文明的价值都会毁灭。这至少是一个问题。如果一个文化允许科学破坏传统的价值而不信托它具有创造新价值的力量，这是一个正在破坏它本身的文化。战争乃是这种内在分裂的原因，也是它的一个征兆。

第七章　民主与美国

我把本章所要说的东西同杰斐逊的名字联系在一起，我不准备为此作什么辩解。因为，在现代人中，是他首先从人的角度阐述了民主原则。如果我应该稍作辩解的话，应该说那就是，过去我曾不恰当地（如果一定要做一个比较的话）从事于那些企图陈述自治社会的理想以及适合于实现它们的方法的英国作家们的研究。如果我现在宁愿论述杰斐逊，我自信不是由于美国的地方主义，虽然我确信，杰斐逊是在美国土地上机警小心地参与我国争取独立的斗争的唯一的人，他才有可能透辟地和亲切地陈述体现于美国传统中的目的，即林肯的所谓“一个自由政府的定义和公理”。我论及他，而不论及洛克、边沁、穆勒，主要原因也不在于他经常使理论适合于实际经验，而具有着在判断上较大的严谨性，并使他的民主主张始终保持在人的境界之内。

主要原因是杰斐逊的论述彻头彻尾是道德的：在它的基础方面、在它的方法方面、在它的目的方面都是如此。他的信念的核心、是用这句话表达出来的：“除了固有的和不可转移的人权以外，没有任何东西是不可改变的。”[1] 他用来陈述自由

---

① 参看《杰斐逊文选》，商务印书馆 1963 年版，第 25 页。——编者

制度之道德根据的词句已经过时了。我们背诵“独立宣言”开头的几句话，但是，假如我们不对它们隐藏在语言中的意义加以解译，即令我们可以把它们背诵出来，现在也不能领悟于心。他写道：“这些真理是自明的：一切人是生而平等的，造物主赋予他们以固有的和不可出让的权利，其中包括生存、自由和追求幸福的权利。”[①] 今天我们对于任何意味着是自明的真理的东西都采取审慎的态度；我们不把政治和造物者的计划联系在一起；那种支配着他的表达方式的自然权利学说也已经被历史的和哲学的批判所削弱了。

要把我们跟杰斐逊的主张联系在一起，我们就要把“自然的”这个字眼翻译成为“道德的”。杰斐逊是受他时代的自然神论所影响的。在他的思考中，从未把自然和一个仁慈而聪明的造物主的设计分开来过。但是他的基本信仰的实质保留不变，只要我们忘掉同“自然”这个字眼有关的一切特殊联想而代之以理想的目标和必须加以实现的价值——这些目标虽然是理想的，但并不是高居于云端之上，而是以一种不可破坏的、深入于人类的需要与要求之中的东西为背景的。

如果我要把我所要说的话详细地跟杰斐逊的讲演和书信的细节（他没有写过理论性的论文）联系起来，我也许会被认为在从事于一种宗派活动；但有时又不得不作一些文字上的解释，以致用一些他心里所没想到过的观念。虽然如此，在论及美国民主而不能不叙述的内容中，有三点在这里明显地是同他

① 参看《杰斐逊文选》，商务印书馆 1963 年版，第 7 页。——编者

的名字联系在一起的。首先，在前面的引语中，民主的目的，人——不是复数的人——的权利是不可改变的。这不是说实现固有道德要求的形式和机构是一成不变的。自称杰斐逊主义者们说他们是杰斐逊的门徒，但他们连他的词句都没有懂得，更谈不上体会他的精神了。因为他说过："我知道，法律与制度，应该随同人类思想的进步而改变、调整。……当作出了新的发现，揭示了新的真理，态度和意见随着环境的改变而改变时，制度也就必须随之改变以期跟上时代。文明的社会如果仍然停留在人们野蛮祖先的制度之下，这就无异于我们要求一个成人穿上一件适合于他童年的衣服。"

由他最后的这句话看来，他的想法可以被解释为他是在为反对早期制度而要求对政府进行一定的改变作辩护。但是他继续说："每一代都有权利为它自己选择它认为最能增进它自己幸福的政府形式。"于是他又说："认为为了国家利益而建立的制度，即使是使之符合它们的目的的，也是不能碰或不能动的这种观念……在对待一个专制帝王滥用权势时，也许是一个有益的规定，但用来对待国家本身则是最为矛盾可笑的了。""一代人掌握着前辈所曾掌握过的一切权利和权力而可以改变他们的法律和制度以适合于他们自己。"他曾经令人信服地，尤其是十分机智地根据蒲丰（Buffon）的计算，来确定十八年八个月的时间为一代人生活的自然幅度；并从而指出一个频率，以便据以检查"法律和制度"，使之符合于"新的发现、新的真理、态度和意见的改变"。"文化"这个字眼未曾被他使用过；用了这个字眼也许就会削弱杰斐逊的陈述。但是没有按照他的教导行动的人们不仅是杰斐逊公开的追随者而已。当我们过分珍视现存的机构时，这对我们来说，也都是适用的。最突出明显地违反杰斐逊民主观点的情况就是把这个曾被谨慎维护着的宪法偶像化了。但远不止这一个例子。作为民主主义的信仰者，我们不仅有权利，而且有义务来怀疑现存的机构（如选举等），并且追究是否有某些机能组织能比现存的方法更好地用来表达和体现公共舆论。在这里，能够引述许多段杰斐逊论及美国政府，把它作为一种试验的话，指出这一点并不是多余的。

我所要叙述的第二点是和已经成为冲突和党派之争的一个争论之点紧密联系着的，即各州的权利对联邦的权力的问题。在这个争论上，杰斐逊是站在哪一方面，这是没有问题的；他一般地担心政府会侵犯自由，这也是没有问题的——在他的情况下，这一点是难免的，因为这就是反叛英国统治的原因和向汉弥顿主义（Hamiltonianism）作斗争的理由。但是任何人停留在杰斐逊主张的这个特殊方面，就会看不见一个最重要的根本原理。因为，虽然他站在州的一方面来防止华盛顿的权力过大，虽然在实际方面，他对它的关心是最直接的，但同时，在他的理论著作中，主要的是把重要性放在地方的自治单位，像新英格兰（New England）那种市镇会议计划。他对于一般的政治组织的设计是以小单位为根据的，小到一切成员都能彼此直接沟通，关心一切的公众的事务；这个设计并未曾实现过。在有关当前实际问题的报刊中，它也从未曾引起过多少注意。

但是不过于强调这个计划的重要性，我们可以发现其中暗示出当前民主问题中最严重的一个问题。前面我曾论及各个人在目前发现他们自己正处于这样巨大力量的支配之下，他们对于这种力量的作用和后果都是无能为力的。这种情况使人们特别注意到需要有面对面的交往；人们彼此之间这种相互作用，即使不能控制这种可怕的非个人性对现存力量的扫荡，也可以予以抵消。一个社会（society）（即一种结合）和公社（community）是有区别的。电子、原子和分子是彼此结合在一起的，在整个自然界中任何地方没有任何东西是孤立存在的。自然的结合是公社存在的条件，但社团还要有互相沟通的机能，不但共同活动着，而且情绪和思想也要一致。经济力量已经大大地扩大了结合活动的范围。但是它却因而大大地牺牲了公社集体利益和活动的亲密性和直接性。美国人“联合”的习惯进一步说明了这个问题的真实性，但远没有解决它。暴民煽动者的力量，特别是就其倾向于极权的方向而言，主要的是由于煽动者有能力制造一种虚假的感觉,使暴民们以为他们是直接联合的，是团结一致的。即使仅仅是激起人们的共同不相容忍和憎恨的情绪也行。

我现在不妨引录若干年前我所写过的一段话：“不加批判地和不加区别地归之于工业和民主的种种罪恶，以更理智的态度来看，可以说是由于地方公社的分布不当和位置不定。生气勃勃的和十分充分的接触只有在一种互相交往的亲密中才能培育得出来，而这种互相交往必然是范围有限的。……我们有可能恢复那种较小的共同组织而使其成员都渗透着有一种乡土共同生活的感觉吗？……民主一定要从家乡开始，而它的家乡就是互相邻近的这种公社。”[①] 由于距离的缩短和时间间距的延长，联系的范围大大地扩大了，因而，社会的机构，无论是政治的和非政治的，已经都显然不能限于当地了。但是一方面是活动的范围扩大，阻碍着直接的接触，另一方面是共同交往活动的加强，这两方面如何相互协调适应，这是民主的一个迫切问题。它的重要性不仅如杰斐逊所想到的，涉及一个在自治的实际过程中的实验问题而已。这里面还包含着如何建立交往和合作的地方机构问题，以产生稳定，忠诚的接触，对抗当前文化的离心力量，而且同时这些地方机构又能灵活地反应那些预见不到的、不固定的公众需要。在很大的程度上，以机能为基础的集团，也许就会替换掉那些以自然的接触为基础的集团。在家庭里，这两个因素是结合在一起的。

第三点我所要明白提到杰斐逊和民主的，乃是他关于财产的观念。如果有人主张，他的那些个人意见是“过激的”，超过了担心财富集中和正面希望财富普遍分配而不使任何一面都趋于极端的范围，这是可笑的。不过，有时有人建议，他所谓“追求幸福”是代表一种经济活动，因而生命、自由和财产乃是他认为有组织的社会所应该维护的权利。但正在这一点上他和洛克是有根本分歧的。关于财产的问题，特别是关于土地所有权的问题，他最直接了当地陈述说，任何一代不能束缚它的后辈。杰斐逊主张：所有权是由“社会契约”所产生的，而不代表为政府在道义上所应维护的内在的个人道德上的要求。

---

① 《公众及其问题》，第 212—213 页。

追求幸福的权利，在杰斐逊看来，就是每一个人要求选择自己的职业并按照自己的选择和判断来行动而不受任何别人的专横的意志强加限制和束缚——不管这些人是杰斐逊所特别担心的政府官员，还是那些控制着资本、掌握着就业机会，因而限制着别人，使之不能追求幸福的人。杰斐逊式的权利平等而不偏袒于任何一方的原则，当个人的权利和所有权发生冲突时，他是支持个人权利的优先权的。虽然，他的见解用来反对一切对当时经济关系所进行的恶意攻击，是十分恰适的，但是如果因而认为杰斐逊的民主观念禁止采取政治行动去创造平等的经济条件，使人人的权利平等可以自由选择、自由行动，这就完全歪曲他的真意了。

我比较详细地论及杰斐逊关于一些特殊论点的见解，这是因为它们为我们证明了：美国民主传统的来源是道德方面的——不是技术上的、抽象的、狭隘地政治方面的，也不是属于物质上功利主义的。它是属于道德方面的，因为它相信人性具有这样的能力，它既能使个人达到自由，而同时又使别人得到关心和尊重，并使社会得到建筑在结合上而不是建筑在强制上的稳定性。既然传统是属于道德的，那么它所遇到的攻击，无论是从什么方面来的，从内部来的或从外部来的，也都包含着道德上的争端，因而也只能以道德的理由予以解决。民主的理想在我们这里一直暗淡无光，其根源和效果，也都是属于道德方面的。这种暗淡无光的状况是伴随着旧秩序向新秩序过渡而来的混乱现象的结果和表现，因为只有当经济制度面临着一些十分新奇的条件，人们既无适当的准备而原来人与人之间的既存关系又被打乱了，这时候便预示着有一个新的秩序即将到来了。

企图缩小民主秩序的新奇性以及它在古老和根深蒂固的传统中所需要引起的变化范围，都是没有好处的。我们到现在甚至还没有一个共同的和公认的词汇来说明在实现民主的过程中所涉及的道德价值的秩序。在有教养的基督教徒的范围内，“自然法则”的语言曾是唯一普遍的。但使它生效的条件已经消逝了。然后诉之于自然权利，有些人认为这种权利是集中在一些孤立的个人手中的（虽然原来美国式的表述并不是这样说的）。关于诉之于个人，目前又因为我们不能给予个人的地位以任何保证而被迟缓下来了。虽然目前我们势必要看到：个人的自由只有由于许多不同的复杂因素通力合作一致，趋向于一个单一的目的，才能得以维护，可是到底怎样根据自由的意愿使这些因素相互协调起来，我们尚盲无所知。

个人主义被认为是和营谋私利的贸易活动紧密联系着的，片面地歪曲了个人主义的意义。因而甚至那些名义上还保持着旧神学信仰的人们，也由于他们削弱了那种与个人尊严相联系的理想观念和情绪，而从积极的道德方面破坏了民主的个人主义。曾一度与所谓精神的东西有联系的动力已经减弱了；我们已不大愿意用“理想”这个字眼，而且“道德”一词也没有多大力量了，对这一词的运用已仅限指明个人之间彼此和善的关系而已。下面这个三段论式，在像杰斐逊这样一位能干的事业家看来，曾有过重要意义的而今天则几乎成为难以置信的了：“人生来就是为了社会交往的，但是社会交往没有正义感是不能维持的；于是人一定生来就曾具有正义感。”

即使我们对民主具有坚定不移的信仰，我们也不会像杰斐逊所曾经表述过他的信仰那样来表述它。他说：“我深信我们实验的结果将会是人们是可以被信托来管理他们自己而不需要有一个主人。如果能够证明相反的情况是真的，我就要下结论说，或者是没有上帝存在，或者他是一个坏蛋。”杰斐逊相信，在人们当中，政府的唯一合法的目的乃是“使联合在它下面的广大群众求得最大程度可能的幸福”，而这个信仰和他的这样的一种信仰是联系着的：即相信“自然”——或上帝——在意旨上是仁慈的，使人生来就能获得幸福，只要他们获得关于自然秩序的知识而且行动上遵守那种知识的需要。在很多人看来，这种语言已近陈腐，这就迫切要求那些维护和促进民主理想的人们面对在政治制度的道德基础和共同行动的人们所赖以获取个人自由，乃至在彼此间达到兄弟般团结的道德原则之间的争论。我们对于“自然”、它的法则和权利以及它对人类幸福的仁慈意旨的信念越加淡薄，我们就越加迫切需要有一种根据在理智上足资信任而又与目前经济情况相协调的观念所建立起来的信念，这种信念将以一种为过去宗教所具有的意味来激励和指导行动。

人类控制物质能（physical energies）的力量已经大大地增加了。在道德理想上，人类控制物质自然的力量就应该用来继续不断地压缩、减少人控制人的力量。我们用什么方法能够防止利用它来产生一种新的、更巧妙的、更有力量的办法来使得人们从属于另外的一些人们呢？这既包括国际间的战争或和平的争端，也包括若干年以后经济关系对人类的获得自由或对人类的被征服的未来所作的贡献。一世纪以前所梦想不到的力量的增加，以及这种力量进一步的增加，在科学研究还在继续发展的时候，将是不能限量的，这是一个既成的事实。目前还难以确定的是我们对于这种情况将怎么办。说它是一种力量，意思是指它是电力的、热力的、化学的。对它将怎么办则是一个道德上的问题。

物质上相互依赖的情况已经增加到远非人们所能预见的程度。工业上的分工是预料得到的，而前途的瞻望是十分令人满意的。但是在目前的情境中比较起来，这是最不足轻重的一方面。个人的一生、他们的生活和安全以及财产等等都是受这个世界的另一方面的事情所影响的。在这些事情背后的力量，是他所不能触及或影响得到的——除非在一种国际战争中由于他们联合了起来。因为我们似乎生活在这样一个世界之中，在这里，国家为了企图对付由新情境所产生的问题使它们本身越来越加收缩，越来越极端地肯定自己独立的国家主权，然而它们在倾向于绝对主权所进行一切活动中却又同时导致它们除在战时以外，同其他国家越加紧密地混杂在一起。

在现有条件下的战争迫使国家，即使那些自称为最民主的国家，都变成权威的和极权的国家，如 1914—1918 年的世界大战在非民主的意大利和德意志产生了法西斯的极权主义和在非民主的俄罗斯产生了布尔什维克的极权主义，而我国也在政治上、经济上和学术上产生了反应。把物质上相互依赖的情况变成道德上的——人类的——相互依赖的必要性，乃是民主问题的一部分；然而即使到现在还有人说战争是使得民主国家获得解放的途径。

个人只有同别人互相结合才能获得作为自由之前提条件的安全和保护——然后，人们为了使这种结合有效，就要形成组织，而这种组织又限制着那些结合起来的人们的自由。近百年来，组织的重要性日益增加，因而这个字眼现在已经通常用来作为人们的结合与社会的同义语了。既然组织最多只是结合所借以活动的一种机制，把二者等同起来就是一个证据，说明一个仆人已经转变到成了主人的程度；手段已经夺取了产生手段的目的的地位。情况就是这样的：个性的发展和持续要求人们结合起来,而结合又需要在其各个因素之间有所安排与协作，或组织——因为否则这种结合就不定型和缺乏力量。但是我们现在却有一种软体动物式的组织，里面是软软的个人，而外面是坚硬限制的外壳。个人自愿地结合起来，而这种结合实际上已经变成了单纯的组织；于是，他们在这种组织下面行动的那些条件就控制着他们的行动，不管他们是否需要这样。

人们敏锐地感觉到政府在个人身上强行组织的危险，却始终忘了上亿万的人们的行为是被一个经济体系所组织起来的，他们只有通过这种经济组织的中介才能获得生计。这个矛盾特别突出，是因为新的组织大部分是在自由的名义之下，而且至少在一开始时是通过自愿选择的手续所建立起来的。但是结果所产生的这种共同工作的情况就很像是一架机器的各部分之间的共同工作一样，代表一种既表现有自由，又对它有所贡献的合作情况。有不少部分民主的问题是如何使人们达到这样一种结合，一方面由于各部分的安排协调产生稳定性从而增强了这种结合的力量,同时另一方面它们又增进了反应变化的伸缩性。

最后，在这个简单的考察中，还有一个人性与物性的关系问题。古代世界，在抽象的哲学理论中，解决这个问题的办法是在宇宙的范围内赋予一切自然界以人类最崇高、最理想的价值的道德性质。教会的神学和仪式在西方世界各民族的生活中赋予了这个抽象的理论以直接的意义。因为它提供了一些实际的办法，使得这个创造和维持宇宙的力量似乎既可以用来在今世支持个人，也可用来在来世支持个人。物理科学的兴起使得愈来愈多的人们怀疑这个旧理论所提供的理性基础。在科学与宗教冲突的名义之下所表现出来的这种不稳定的情况便证明了：在我们的文化所依靠的基础上存在着分歧；在以知识形式出现的观念和实际上直接推动行为的情绪的和想象的观念之间存在着分歧。

这种在道德方面的混乱情况又被那些由于学术以外的原因而感到不安的人们大大地加以恶化了。由于新的物理科学实际应用的结果，每一个人都深切地感觉到这一点。因为目前关于商品和服务的生产与分配制度的一切在物质方面的因素都是这种新的物理科学的产物，而科学在人的方面的显著后果则仍然是受它开始以前所建立起来的习惯与信仰所决定的。民主至今尚未能医治这个裂口，但这没有理由使我们灰心。不过我们一定要把人类的潜能与理想一方面同科学精神与方法联系起来，另一方面同经济体系的作用联系起来。在很长的一段时期内，放任的个人主义甚至使人们看不见这个问题。它把新的经济运动当作仅仅是一种力量的表现，这些力量在人的构成中是根本的，不过到最近才被解放出来自由活动。它没有看见，当时正在发生的那种巨大的扩张，事实上是由于物理能的解放，但就人类的活动和人类的自由方面而言，这只是提出了问题，而不是得到了解答：这个问题就是：如何管理和指导这些新的物理能，使之对于实现人类的潜能能有所贡献。

一个运动，由于十分严重地未能抓住这个问题，而不可避免地遭遇到失败，由这种失败所产生的反应具有各种不同的结果,而这种结果的不同便是我们生活中目前混乱状况的一部分。获得安全而自由生活的物质手段的生产是无限地和加速地增加着。有一大群人把这种在实际上和在可能上所增加的好处都归之于它们所由发生的那种经济制度——而不归之于作为从物理上控制自然能的根源的科学知识。这是不奇怪的。这群人是很多的。它不仅包括这个制度的直接受益者，也包括更多的，希望他们本人，至少他们的子孙，能充分享受其利益的人。由于未被占有的土地、大量未被利用的自然资源，以及没有固定的阶级区别（这种区别在欧洲，虽然法律上废除了封建制度，但仍存在着）等等所提供的机会，这群人在我们这个国家就特别多，其中有些人指出我国的生活水平较高；另一些人是充分利用这个国家使他们有较大发迹的机会。总之，这一群人，从它的组成部分的这两个范畴看来，都得到了实惠。他们有一种盲目的和动人的信念：认为进步总是或多或少在一种自动的方式之下继续着，一直把他们和他们的后辈都包括在内。

其次，还有一群为数少得多的人，他们同样，也许还更加觉察到现在潜在地处于我们控制之下的物质手段还存在着巨大的可能性，但是他们也敏锐地觉察到我们还未能实现这些可能性；与此相反，他们却看到存在着灾难、残忍、迫害和挫折。这一群人的弱点是，他们同样没有认识到，在产生现有事态之中还包括有新的科学方法的问题，以及需要进一步广泛地和坚持不懈地运用它来有分析地——具体地——判定目前这些罪恶的原因和设法如何去消灭它们。在社会的事务中，上述那种笼统的心理状态仍然保持着而少有变化。它终于形成了一些奢望的和笼统的信仰和政策。人类的理想的确是包罗万象的。固然，作为一个立脚点，从这一点来考察现存的情况和判定变化的方向，它不能包含太广。但是，变化产生的问题是一个要无限制地注意到手段的问题；而且只有按问题的本来面目确切地分析每一个问题的情况，才能决定手段。健康是一个包罗很广的、“综括无遗的”理想。但是健康的进步则是首先要废弃那种一切诉之于万应灵丹的办法，然后研究如何决定病源和求得医治的方法。这一群人，其激进的一部分，相信必然的历史规律控制着事件的进展，因而唯一需要的，就是审慎地按照这个规律办事。阶级冲突按照它本身的辩证法而产生了与它完全相反的方面的规律，于是便成为决定政策和行动方法的唯一的和最高的准则了。

如果解放物理力量是为了人类的目的服务的，那就需要对人性具有比较恰当的认识，这是不可否认的。但是如果认为这种认识本身就使我们能控制人类的精力，正如物理科学所曾使我们能够控制物理能一样，这是一种错误。它和那些认为科学使我们能够控制物理能，一定也就能够产生人类进步和繁荣的人们所陷入的谬误是一样的。一种比较确切的人性科学只可以大大地增添一些办法，以便于某些人为了他们自己的利益用它来操纵另一些人们。不考虑到这个问题的道德方面，不考虑到价值与目的的问题，这标志着会重新陷入一世纪以前理论家们所曾犯过的错误，不过他们是从另一个极端来犯这种错误 的；他们假定人类的需要与冲动的自由体现（即不受政治上的限制）就会产生社会的繁荣、进步和和谐。这是与马克思主义的见解相反的一个错误；马克思主义者认为，有一个经济的或"唯物主义的"历史辩证法，按照这个历史辩证法，一定的可想望的（这里是指道德方面的）目的，不必参与价值的选择，也不必努力去实现这些价值就能达到。如我早些年前所写的，"当人文科学同化于物理科学时就会产生另一种形式的绝对主义的逻辑，一种物理的绝对主义。"

无论如何，社会事件将仍然是人性与文化环境相互作用的产物。所以主要的和根本的问题总是：我们最终所需要的到底是哪一种社会结果。人性的科学经过改进之后将会提供一些为我们现在所缺乏的手段来确定问题并有效地使它得到解决。但是如果这种人性的科学不能加强对科学精神的尊重，从而使得构成科学方法的态度更广泛、更深入地融合到个人的气质中去，那么，它就会增加像物理科学改进之后所产生的情况相类似的那种复杂性。无论是来自物理学或心理学的理论方面，任何模糊了社会问题的根本道德性质的东西都是有害的。任何学说，如果排除、即或是模糊价值选择的功能而不按照所选择的价值来调节欲望和情绪，都将削弱个人的判断与行动的责任感。因此，这种主张有助于产生一种欢迎与支持极权国家的态度。

以上我已经扼要地陈述了关于文化如何服务于民主自由问题的几个突出的方面。我曾经强调了困难和障碍的方面。强调这一方面乃是由于所提出的是一个问题这一事实。强调这个问题是由于相信：许多事件所揭露出来的许多弱点是和我们没有看到在促使人类走上民主的道路中所包含的任务的艰巨性相联系的。早年民主的拥护者们，在他们背后有一个几千年来非民主社会的背景，把这个争论之点大大地简单化了，这是很自然的。有一个时期，这种简单化无疑是一个优点。但由于继续太久，它就变成为一种负担了。

当民主运动被放在历史的配景中时，承认这个问题的宽度和深度是既不会使人气沮，也不致使人灰心的。用来陈述这个问题的那些观念是具有一段悠久的历史背景的。我们能够把它们的根源追溯到希腊的人本主义和基督教的信仰；我们也能够发现：在反对一种特殊形式的压迫的斗争中人们曾经不断地努力于实现这些观念的某一特殊方面。通过适当的选择和安排，我们甚至能够构成一个事例来说明这样一个观念：一切过去的历史是一种追求自由的运动，开始时是无意的，然后是有意的。有一种比较严肃的历史观又揭示出：它采用了事件间的一些侥幸的联结，来说明它怎样使得十九世纪的民主有迅速的扩张和似乎完全的胜利。而现在又由于事情的不顺利的联结使得民主正处于有被破坏的危险之中。但从这里所得出的结论也不是一个使人沮丧的结论。这个结论是：过去或多或少以外在的和偶然的方式所赢得的东西现在必须以审慎和理智的努力去完成和保持下来。

由此所暗示的这种对比的情况就使我们注意到这一事实：即人类背后所持续着的这些态度乃是由于在没有民主的情况下所存在的传统、习俗、制度所形成的——当时事实上民主的观念和想望在开始萌芽时就有被扼杀的趋向。这些基本倾向的持续，一方面，说明了对民主的突然进攻；这是回复到旧情绪和旧理智习惯的一种逆转；或者毋宁说，这不是一种逆转，而是在一切时间都存在着，或多或少被隐蔽着的态度的一种表现。它们的持续也说明了当前这个问题的深度和广度。文化有多少方面，争取民主的斗争就必须在多少条战线上进行着：政治的、经济的、国际的、教育的、科学与艺术的、宗教的战线。在早年多少带一些天赐恩惠的东西，我们现在就要有意识地去争取了，这一事实使得这个问题成为一个要在道德的基础上去解决的道德问题了。

对我们这些居住在合众国的人们来说，事件间的侥幸的联结的部分包括我们所曾指出的这一事实，即我们的祖先发现了一片新大陆。由于自然条件的变动所产生的震动，引起了对旧有态度的极大的改变。作为过去千百年来文化交流结果的思想感情上的积习被松弛下来了。根底不是很深的倾向已经中断了，因而形成新制度的任务就比较容易得多。由此所产生的互相调节的情况已经成为形成一种可适应性的普遍态度的主要因素，而这种态度使得我们除了那次国内战争以外，能够通过最少的外部冲突而且一反过去暴力的传统，好心善意地来应付变化。

正是因为这样一些结果，地理上的新世界才变成了从人的意义上讲来的新世界。但是，正是因为这一点，目前我们的处境乃是：我们过去大多数一直引为自满自庆的东西，现在必须要用思想和努力去赢得，而不再是一种显然定命的进化结果了。

就事态现状而论，新旧世界在道德方面的冲突实质上就是争取民主的斗争。在我们看来，这并不是孤立主义[①]的问题，虽然，使得我们有可能跟欧洲的战争野心隔绝开来的自然的因素，在紧急关头，也可以成为我们所要培植的一个因素。我们的冲突并不是一种武装斗争，虽然我们是否为了不属于我国所致力追求的目的而在欧洲战场上重新拿起武器，这个问题也有助于决定在我们自己的战场上进行战斗的胜负。我们可以不是为了维护民主而是为经济利益而置身于战争之外，但同样也有可能在为民主而战的名义下被诱惑而参与战争。

在我们所要致力于民主事业这个历史使命的方面，这种冲突在于我们的制度和态度*之内*。我们要赢得这场斗争，就应该使得我们自己的政治、工业、教育、一般的文化都成为民主观念的仆人，成为民主观念正在进化中的一种体现，并在执行这个任务中，广泛地应用民主的方法，应用协商、说服、交涉、交流、理智协作的方法。诉之于军事力量就首先明确地标志着我们放弃了追求民主生活方式的斗争，而旧世界已经从道德上和从地理上征服了我们——把它的理想和方法强加在我们的头

① 孤立主义（Isolationism），即主张美国在对外关系中，避免卷入欧洲政治军事冲突的一种美国早期的对外政策。——译者

上了。

如果有一个结论是为经验事实毫不错误地指点出来的话，那就是：民主的目的要求有民主的方法来实现它们。权威的方法现在以新的伪装来向我们推销。它们向我们宣称是为最后在一个没有阶级的社会中实现自由与平等的目的服务的。或者他们推荐要用一种极权制度来向极权主义进行战斗。不管它们是用什么形式把它们自己提供出来的，它们之所以具有诱惑力量乃是由于它们宣称是为理想的目的服务的。我们首先要维护一点就是要明确，只有在我们日常生活的每一个方面慢慢地、日复一日地采用和传播那种与我们所要达到的目的相同的方法，才能做到为民主服务，而任何诉之于一元论的、笼统的、绝对主义的程序的办法，不管它所表现的装束怎样，都是背叛人类的自由的。一种美国式的民主，只有在它自己生活行动中证明了多元的、局部的、实验的方法具有获得与保持不断解放人性力量的效能，具有服务于一种合作性的自由与自愿的合作的效能，才能服务于全世界。

我们没有权利要求用时间来说明最后的结果会是令人满意的。我们却有一切的权利来指出人类历史有很久一段非民主的反民主的时期，而民主只是晚近的事情，从而坚持说在我们面前的任务是艰巨的。这个实验的新奇性本身就说明了不可能把这个问题局限于我们日常生活的任何一个因素、一个方面、一个阶段。我们有一切权利要求有一个漫长的、缓慢的时间过程来使我们不致受到从一种短时间去观察事情时在某一种情况之下所产生的悲观失望的影响。我们必须明白：目的总是依赖于手段的；唯一最后的结果乃是今天、明天、后天，日复一日，穷年累月所积累下来的结果。只有这样，我们才能保证，我们是在运用协作行动中集体智慧所提供的一切资料来考虑我们所面临的问题；当它们一开始产生时就逐一加以具体的考虑。最后，和开始一样，正如我们坚持不懈地致力于建立一条共同前进的万古长青的大道一样，运用民主的方法既是根本上简单的，但又是十分艰巨的。

图书在版编目(CIP)数据

自由与文化/(美)杜威(Dewey,J.)著;傅统先译.—北京:商务印书馆,2013(2020.9重印)

ISBN 978-7-100-09867-0

Ⅰ.①自… Ⅱ.①杜…②傅… Ⅲ.①杜威,J.(1859～1952)—哲学思想 Ⅳ.①B712.51

中国版本图书馆CIP数据核字(2013)第058056号

本书据商务印书馆1964年版排印

自 由 与 文 化

〔美〕杜 威 著

傅统先 译

商 务 印 书 馆 出 版

(北京王府井大街36号 邮政编码100710)

商 务 印 书 馆 发 行

北京艺辉伊航图文有限公司印刷

ISBN 978-7-100-09867-0

2013年11月第1版　　开本850×1168 1/32

2020年9月北京第4次印刷　　印张4⅞

定价:25.00元